CORONAVIRUS

BEN MARTYNOGA

ILUSTRACIONES DE MOOSE ALLAIN
TRADUCCIÓN DE ENRIC BATALLA

B DE BLOK

Papel certificado por el Forest Stewardship Council®

Título original: *The Virus*

Publicado originariamente en Gran Bretaña en 2020 por David Fickling Books, Oxford

Primera edición: enero de 2021

© 2020, Ben Martynoga
© 2020, Moose Allain, por las ilustraciones
© 2020, Paul Nurse, por el prólogo
© 2021, Penguin Random House Grupo Editorial, S. A. U.
Travessera de Gràcia, 47-49. 08021 Barcelona
© 2021, Enric Batalla, por la traducción

Printed in Spain – Impreso en España

ISBN: 978-84-18054-21-1
Depósito legal: B-14.458-2020

Compuesto en Compaginem Llibres, S. L.

Impreso en Gómez Aparicio, S. A.
Casarrubuelos (Madrid)

BL 5 4 2 1 1

A Beda y Ghyll. Por favor,
nunca dejéis de preguntar por qué

B. M.

A Karen, Connor y Spencer,
las mejores personas posibles para pasar
el confinamiento

M. A.

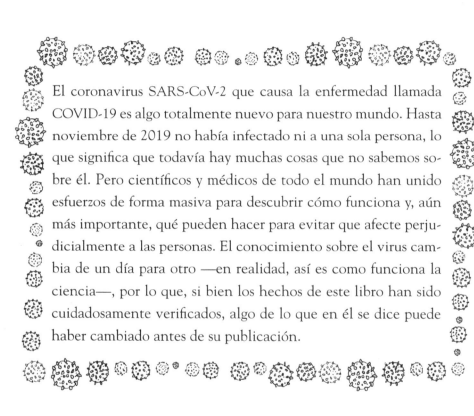

El coronavirus SARS-CoV-2 que causa la enfermedad llamada COVID-19 es algo totalmente nuevo para nuestro mundo. Hasta noviembre de 2019 no había infectado ni a una sola persona, lo que significa que todavía hay muchas cosas que no sabemos sobre él. Pero científicos y médicos de todo el mundo han unido esfuerzos de forma masiva para descubrir cómo funciona y, aún más importante, qué pueden hacer para evitar que afecte perjudicialmente a las personas. El conocimiento sobre el virus cambia de un día para otro —en realidad, así es como funciona la ciencia—, por lo que, si bien los hechos de este libro han sido cuidadosamente verificados, algo de lo que en él se dice puede haber cambiado antes de su publicación.

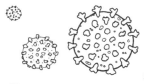

Índice

Prólogo
de Paul Nurse

Biólogo ganador del Premio Nobel, director del
Francis Crick Institute, Londres

Debido al coronavirus, todo el mundo se ha interesado por los virus, y si eso te incluye a ti, este es el libro que tienes que leer. El coronavirus SARS-CoV-2 ha cambiado el mundo para todos y cada uno de nosotros; sin embargo, la mayoría solo tenemos una idea confusa de qué son los virus. *Coronavirus* te lo contará todo sobre ellos. Es la introducción esencial a estas formas de vida extraordinarias —las más abundantes de nuestro planeta— que tienen un gran impacto en el resto de los seres vivos, lo que nos incluye a nosotros.

Leyendo este libro descubrirás que los virus son increíblemente pequeños y que solo pueden hacer réplicas de sí mismos al invadir las células de otros organismos vivos, con la finalidad de realizar cientos o incluso miles de copias. ¡Son el parásito por excelencia! El virus COVID-19, como otros muchos de los virus que invaden nuestro cuerpo, puede hacernos enfermar ligeramente o, a veces, de manera grave. Si estornudamos o tosemos, el virus se transmite en forma de gotitas de agua y puede infectar a otra persona, y si esta propagación se produce rápidamente, puede provocar una epidemia o incluso una pandemia.

Este libro te dirá cómo podemos combatir el coronavirus y cuál es su procedencia, pero también te informará sobre muchos otros virus: los que atacan a las bacterias para que no puedan infectarte, los que ayudan a las bacterias a producir oxígeno en el océano e, incluso, aquellos que podrían ayudar a lidiar con el cambio climático.

Leer este libro es toda una aventura, es un viaje emocionante a lo largo y ancho del misterioso mundo de los virus. Es fácil de leer gracias a sus altas dosis de ingenio y humor, es esclarecedor y preciso, y está magníficamente ilustrado. Muestra cómo combate los virus nuestro sistema inmunitario y de qué modo funcionan las vacunas, y describe cómo podemos lidiar mejor con las pandemias en el futuro. Si quieres saber sobre los virus y sobre el coronavirus en particular, este es tu libro.

Jonathan Stoye, miembro de la Royal Society, virólogo y jefe de grupo sénior en el Francis Crick Institute, nos cuenta:

«Aunque hay más partículas virales en la Tierra que estrellas en el universo, en los últimos seis meses un tipo particular de estos, el coronavirus SARS-CoV-2, ha trastocado por completo nuestra forma de vida. Este libro nos dice cómo y por qué de manera clara y precisa, fácilmente comprensible para todos».

El profesor Stoye es el consultor científico y el verificador de datos de *Coronavirus*.

Existen millones de diferentes tipos de virus en el mundo y solo una mínima parte de ellos puede infectar a los humanos. Utilizamos el término «coronavirus» para describir un extenso grupo de virus distintos que pueden causar enfermedades en mamíferos y aves.

SARS-CoV-2 es el nombre completo de una especie específica de coronavirus que causa la enfermedad llamada COVID-19.

En este libro nos referimos al virus SARS-CoV-2 como el virus de la COVID-19.

Adivina adivinanza

¿Qué es más pequeño que una mota de polvo
pero más aterrador que un monstruo?
¿Qué es aquello que, sin poseer músculo alguno,
tiene el poder de detener toda actividad humana?
¿Qué es lo que no puede moverse ni un milímetro
pero puede viajar alrededor del mundo en pocos días?
¿Qué es aquello que, sin disponer de cerebro,
es más inteligente que cualquier científico?
¿Quién es aquel que, sin ser rey ni reina,
va con corona?

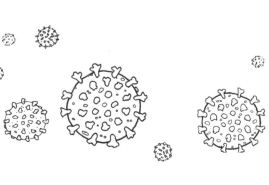

La respuesta es YO, por supuesto.

¡Coronavirus el Poderoso!

Destructor de hogares, aniquilador de mundos.

Portador de la enfermedad conocida como COVID-19.

¡Mirad lo que hago, humanos insignificantes, y desesperad!

Alto ahí. No estoy tan seguro de que esa sea la respuesta del acertijo. Eres chiquitajo, no tienes ni pizca de cerebro y ni siquiera puedes moverte ni morder, ¿por qué deberíamos tenerte miedo?

¡Oye, menos insultar! ¡Soy terrorífico! En 2020 me expandí por todo el globo y causé el pánico entre la población. Maté a miles de personas, se colapsaron los hospitales y paralicé la actividad en la mayor parte del mundo.

Entonces sí, deberíamos tenerte miedo. Eres un cabroncete de mucho cuidado, ¿eh?

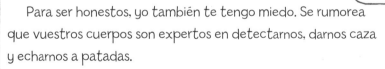

No es nada personal. En realidad no soy un mal tipo. Soy solo un virus, ¿recuerdas? No tengo capacidad para pensar. No pretendo lastimar a nadie. No deseo hacer nada en absoluto. Comparado contigo, no soy más que una pequeña mezcla de sustancias químicas. En definitiva, solo existo.

Para ser honestos, yo también te tengo miedo. Se rumorea que vuestros cuerpos son expertos en detectarnos, darnos caza y echarnos a patadas.

Sí, y todo es gracias a nuestro increíble sistema inmunitario. Además, podemos destruirte antes incluso de que te introduzcas dentro de nosotros, ¡todo lo que se necesita es una pastilla de jabón!

Por desgracia tienes razón. De hecho, por mí mismo soy bastante frágil. Y todo eso del jabón que dices... ¡puaj!

13

También existe eso que los humanos llamáis ciencia. Los humildes virus no sabemos muy bien qué es. Pero lo cierto es que no nos gusta.

Has dado en el clavo. Una vez que nuestros científicos hayan desarrollado una vacuna, será mejor que reconsideres tus planes para dominar el mundo. Y ya puedes decirles al resto de los pequeños virus dañinos que vamos a por vosotros.

Te veo muy optimista, ¿eh? Primero, que los virus estamos POR TODAS PARTES. Y me dirás: ¿En los océanos? Sí. ¿En los bosques? También. ¿En los desiertos más áridos? No lo dudes. ¿En los géiseres volcánicos que echan agua hirviendo? Pues claro. ¿En tu cuarto? Efectivamente. Podemos infectar a toda clase de seres vivos, los tenemos rodeados y los superamos en número, ¡y eso os incluye a vosotros! Y, lo creas o no, ayudamos a hacer que el aire que respiráis esté más limpio y a que crezcan las plantas en el suelo. Si os deshicierais de nosotros, la mayoría de los seres vivos no sobreviviría.

En segundo lugar, algunos virus pueden causar daño y dolor a los humanos, así como a la mayoría de los demás seres vivos, pero no te asustes: solo una pequeña parte de los virus que hay en el mundo puede infectar a las personas y hay algunos que en realidad te ayudan a estar sano. Y, de todos modos, tampoco entra en nuestros planes erradicar a los molestos humanos de la faz de la Tierra.

¿Estás confundido? No es de extrañar. Los virus nos ponen un acertijo tras otro. ¿Cómo pueden ser malos y buenos a la vez? ¿Letales y esenciales para la vida? Si son tan pequeños y frágiles, ¿cómo pueden causar tal caos? ¿Y cómo podemos llamarlos inteligentes cuando son solo un hatajo de minúsculas y estúpidas moléculas químicas?

Vamos a intentar dar sentido a estos misteriosos virus. Como tenemos que compartir nuestro mundo con ellos y las graves enfermedades que generan, será mejor que descubramos todo lo que podamos sobre lo que son, cómo viven y cómo se propagan.

SAGARMATHA / CHOMOLUNGMA (MONTE EVEREST)

(Altitud: 8.848 metros)

Si el ✺ fuera del tamaño de una una persona sería así de alta.

16

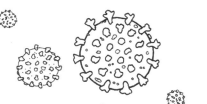

Capítulo uno

¿Qué diablos es un virus?
¿Y cómo puede llevar corona?

Ya habrás deducido que los virus son muy pequeños. Pero la palabra «pequeño» no alcanza a definirlos. Los virus son alucinantemente diminutos. Levanta la mano hacia la luz. ¿Puedes llegar a distinguir esos pelos extremadamente finos de la parte posterior de tus dedos? Se trata de lo más delgado que puedes ver sin usar una lupa. Podrías alinear cincuenta de ellos uno al lado del otro y, aun así, en una regla solo ocuparían 1 mm. Esos pelos son pequeños, pero en comparación con un virus son algo descomunal.

Si un coronavirus fuera a aterrizar por casualidad en uno de esos pelos, sería el equivalente a una pulga saltando sobre el tronco de un gran roble centenario.

Ahora, retén esa imagen del coronavirus ampliado. ¿Cómo sería de grande tu cuerpo en comparación? Si tenemos en cuenta que el tamaño real del virus son unos 100 nanómetros* de diámetro, al ampliarlo al tamaño de una pulga (1,5 mm), sería 15.000 veces mayor. Y si te ampliamos a ti según la misma proporción, suponiendo que midas un 1,5 m de alto en el mundo real, ¡en nuestro mundo ampliado tendrías una altura de 22,5 km!

---

* Un nanómetro es realmente minúsculo. Un milímetro se compone de un millón de ellos.

Tu cabeza estaría arriba en la estratosfera, a casi tres veces más altitud que la cima del Everest. Los aviones podrían chocar contigo accidentalmente allí donde más duele.

Y eso nos lleva a uno de los rompecabezas más misteriosos y abstrusos sobre los virus como el causante de la COVID-19. ¿Cómo puede el equivalente de una pulga picar a un enorme gigante, que tiene la cabeza por encima de las nubes, y mandarlo a la cama con fiebre? ¿Y cómo podría incluso a matar a un ser humano tan majestuosamente grande?

Si eso hace que los virus suenen todavía más poderosos que el más letal de los venenos, es porque pueden llegar a serlo. Si no les paramos los pies, eso es lo que harán.

Ahí está el truco. A diferencia de cualquier veneno que conozcamos, cuando los virus se introducen en el cuerpo se multiplican como locos. Eso es básicamente para lo que están hechos. Su empeño es multiplicarse. En cuestión de días, un virus puede replicarse en cientos de millones de virus idénticos. Estas réplicas pueden propagarse por nuestro cuerpo, causarnos una enfermedad y llegar a infectar a otras personas.

Suena aterrador, ¿no? Algo así asusta al más aguerrido, para qué negarlo. Pero no desesperes, porque nosotros los gigantes tenemos formas de contraatacar verdaderamente impresionantes. Sin embargo, antes de examinar cuáles son esas defensas, veamos qué es realmente un virus.

Antes que nada: los virus no son células.

Las células son los componentes esenciales de nuestro cuerpo. Se cuentan por miles de millones, colaborando unas con otras para crear cada uno de los distintos órganos: el corazón, los pulmones, el cerebro, la piel y todo lo demás. Cada una de esas células es un pequeño ser vivo en sí mismo.

De hecho, todos los seres vivos, aparte de los virus, están constituidos por células. Los animales, las plantas y muchos de los hongos están compuestos por multitud de ellas, mientras que las bacterias y otros microorganismos están formados por una sola célula. Utilizamos la palabra «germen» (o «patógeno») para referirnos a aquel organismo —una bacteria, un hongo, un protista* o un virus— que puede infectarnos y causarnos una enfermedad. Excepto los virus, todos los demás son células.

Los virus no solo son más sencillos que las células, también son menos independientes. Las células pueden crear sus propios componentes, producir la energía que necesitan y, en definitiva, hacer copias completas de sí mismas. Los virus no; al menos, no pueden hacerlo solos. En cambio, son los parásitos por excelencia. Para sobrevivir y multiplicarse, dependen completamente de las células de los otros seres vivos a los que infectan.

El coronavirus de la COVID-19 es un ejemplo bastante típico de virus. En el centro posee una cadena de genes. Piensa que

---

* Los protistas son aquellos organismos que no son plantas, animales, bacterias, hongos ni virus. Comprende a los mohos del fango, las algas y varios parásitos, como los que causan la malaria.

estos genes funcionan un poco como un conjunto de programas informáticos que le dicen a un robot exactamente lo que tiene que hacer para llevar a cabo su cometido y luego dan las órdenes a otro robot. Algo tan grande y complejo como un ser humano necesita muchos genes para construir sus órganos y hacer que funcionen, por lo que cada una de sus células contiene alrededor de 22.000 de estas «instrucciones» derivadas de los genes.

Nuestros genes y los de la mayoría de las demás formas de vida, incluidos muchos virus, están compuestos por una sustancia química llamada ácido desoxirribonucleico. Como eso es un galimatías, generalmente se abrevia como ADN. Los genes del coronavirus están formados por una sustancia química similar, llamada ácido ribonucleico o ARN. Los virus tienen muchos menos genes que nosotros: el virus de la COVID-19 solo tiene 29, pero son suficientes para controlar totalmente a las células que infectan y decirles con precisión cómo fabricar montones y montones de nuevos virus.

Pasa y verás cómo estoy hecho...

EN EL EXTERIOR: La **envoltura de la membrana** es como una burbuja redonda compuesta por una sustancia grasa llamada lípido. Está tachonada de tres tipos diferentes de proteínas: las llamadas de **espiga**, las de la **envoltura** y las de la **membrana**.

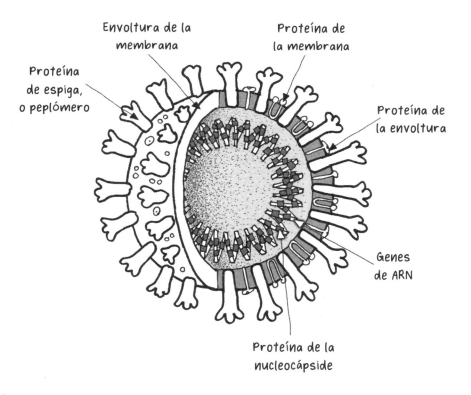

Envoltura de la membrana

Proteína de la membrana

Proteína de espiga, o peplómero

Proteína de la envoltura

Genes de ARN

Proteína de la nucleocápside

EN EL INTERIOR: Los genes, la parte trascendental del virus, están compuestos por una molécula de ARN muy larga y delgada. Las proteínas de la **nucleocápside** se adhieren al ARN y lo sujetan en espiral para que encaje dentro del virus.

Los coronavirus odian el jabón porque es muy eficaz a la hora de disolver los lípidos, lo que destruye la envoltura de la membrana. El lípido de la capa que envuelve al virus es exactamente el mismo material que forma la membrana que rodea y protege a cada una de las células de nuestro cuerpo. Pero algunos virus no presentan lípidos en la capa externa; solo tienen proteínas. Independientemente de cuáles sean sus componentes, la capa externa del virus protege a los genes y les da su forma distintiva.

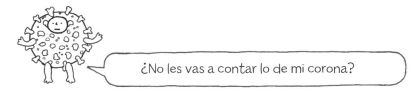

¿No les vas a contar lo de mi corona?

¡Vamos allá! Pues bien, cuando los científicos utilizaron por primera vez potentes microscopios para crear imágenes de coronavirus, divisaron una especie de anillo, con un montón de púas o espigas que sobresalían. Entrecerrando los ojos, recuerda a una corona.

Estas espigas son muy importantes para la forma de vida del coronavirus. Así como una casa tiene su propia llave, que se ajusta a una sola cerradura, cada tipo de virus tiene su propia forma específica de «abrir la puerta» y entrar en las células a las que pretende infectar.

Las proteínas de espiga del virus de la COVID-19 son esta llave, y la cerradura es una proteína que se encuentra en el exterior de sus células favoritas: los científicos la llaman enzima convertidora de angiotensina 2 o ECA2.

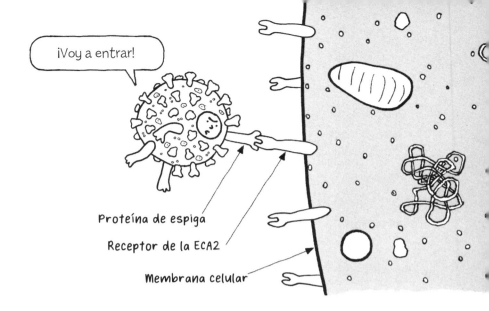

¡Voy a entrar!

Proteína de espiga

Receptor de la ECA2

Membrana celular

Muchas de las células de nuestro cuerpo tienen ECA2 incrustada en la membrana que las rodea, incluidas las células de la nariz, la garganta, la tráquea y los pulmones, que es donde el virus de la COVID-19 suele intentar infectarnos primero.

Los coronavirus son tan pequeños que pueden introducirse fácilmente en nuestras vías respiratorias. Podemos tocar una superficie infectada y los virus se adhieren a nuestra piel. Si después nos tocamos la cara, los virus de nuestros dedos pueden pasar a la boca o a la nariz. O incluso podemos respirar los virus que un infectado que ha tosido ha dejado suspendidos en el aire. Una vez que están dentro del cuerpo y el coronavirus choca contra una célula con la proteína ECA2, la «llave» de la espiga del coronavirus puede encajar perfectamente en la «cerradura» de la proteína ECA2 de la célula. Ahora viene la parte desagradable.

Al no haber realmente una «puerta» unida a la «cerradura» de la ECA2, el virus usa la «llave» para confirmar que ha alcanzado a la célula correcta y luego básicamente abre un agujero y fusiona su membrana con la de la célula. Seguidamente vierte sus genes de ARN directamente dentro de ella. ¡Socorro! La presencia de un extraño irrumpiendo en casa es inquietante para cualquiera. Pero, para una célula, tener a un virus que se abre paso es especialmente traumático, porque es probable que cambie la vida de esa célula para siempre. De hecho, algunas de ellas nunca se recuperan de la experiencia, como veremos en el próximo capítulo.

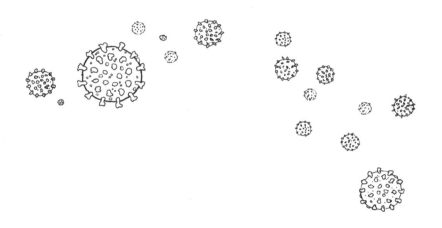

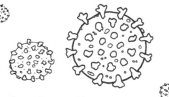

Capítulo dos

¿Quién es el jefe ahora?

Cómo el virus se hace con nuestras células

¿Estás listo para una experiencia insólita?

Espero que sí, porque nos vamos a reducir hasta el tamaño de un coronavirus. Eso significa que seremos 15 millones de veces más pequeños de lo que somos, y aproximadamente cien veces más pequeños que una célula. De esa manera, podremos introducirnos en una de las células de la garganta de una persona y ver cómo funciona el virus. Agárrate fuerte, que el viajecito se las trae.

¿Estás bien? Pasar por el reductor puede hacerte sentir algo raro y desorientado...

¿Ahora quién es el gusano, eh, criajo humano?

Esto...

Mira hacia arriba. Sobre nosotros se extiende el borde exterior de la célula, como si estuviéramos dentro de una gran cúpula transparente. Esta bóveda es la membrana celular. Desde nuestra perspectiva, dentro de la célula, se ve como una capa muy gruesa de caucho o plástico transparente, con el espesor de un puño. Cuando estamos a tamaño normal, las células son minúsculas, pero ahora que somos pequeños como un virus, la célula tiene las dimensiones de un campo de fútbol y su techo abovedado es tan alto como un edificio de treinta pisos.

Ahí dentro es de locos. ¡Vaya trajín! Todo a nuestro alrededor parece moverse y vibrar. Aquí y allá podemos ver moléculas individuales, expuestas en una gran variedad de bolas amorfas, cuerdas enmarañadas y todo tipo de formas insólitas.

A pesar de que nos hemos encogido tanto, la mayoría de estas moléculas aún son más pequeñas que nosotros y están flotando por todas partes, chocando unas con otras (¡cuidado no te den a ti!).

Las moléculas también cambian continuamente: no paran de suceder reacciones químicas en todo momento. Esta célula, como todas las de nuestro cuerpo, está siempre atareada: fabricando nuevas piezas, reparando averías, generando energía y eliminando residuos. Así es como nuestras células se mantienen en funcionamiento y nosotros gozamos de buena salud.

Pero ¡mira allí arriba! Es el coronavirus forzando la entrada. Ha practicado un agujero en la membrana celular y ahora está fusionando su propia membrana con la de la célula.

Así es como le pasa sus genes de ARN: básicamente se fusiona con la célula; piensa en una pequeña burbuja de jabón que se une a otra más grande para formar una sola burbuja.

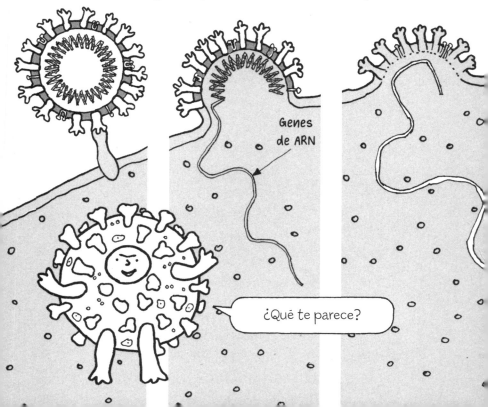

En el proceso, se abre la envoltura externa del virus y lo que estaba en el interior, el ARN, que contiene esas instrucciones cruciales para la fabricación de virus, ahora está dentro de la célula… ¡Atrás! Dejad paso a esa larga cadena de genes que viene hacia nosotros, retorciéndose y contorneándose como una gran, gruesa e increíblemente larga serpiente.* Y esa serpiente genética parece saber muy bien lo que se trae entre manos…

Hacia el interior de la célula, es posible que hayas visto unos organismos del tamaño de una pelota de playa que zumban atareados. El ARN del virus se dirige directamente hacia uno de ellos. Son los llamados ribosomas y juegan un papel crucial en la vida de todas las células. Incluida esta en la que estamos ahora.

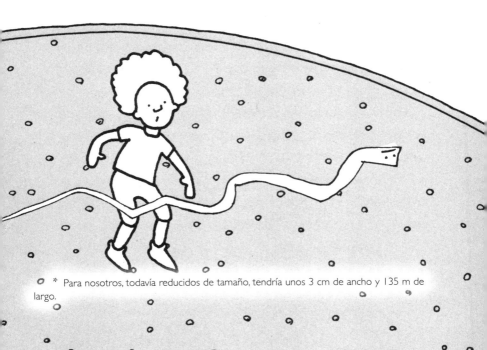

* Para nosotros, todavía reducidos de tamaño, tendría unos 3 cm de ancho y 135 m de largo.

Los ribosomas funcionan un poco como pequeñas impresoras 3D: recopilan la información y la convierten en sólidos objetos tridimensionales que hacen cosas.* En lugar de un código informático, estos obtienen la información del código genético almacenado en los genes.

Los objetos que «imprimen» esos ribosomas son moléculas de proteínas. Todos los seres vivos necesitan proteínas con celeridad, porque son las trabajadoras más importantes de la célula. Cada célula contiene miles de distintos tipos de proteínas. Esas moléculas son las encargadas de fabricar las estructuras, controlar las reacciones químicas, mandar y recibir señales, producir energía, reciclar los residuos y mucho, muchísimo más.

Los virus también necesitan proteínas. Además de sus genes de ARN y de los lípidos de la envoltura de la membrana, es de eso de lo que está hecho el coronavirus. El virus ha infectado la célula en la que estamos ahora porque quiere reproducirse para crear montones de nuevos virus. Pero tiene un problema: el virus no posee ribosomas —ninguno los tiene—, por lo que no puede producir ninguna de sus proteínas. Así, los virus obtienen los ribosomas de la célula para producir las proteínas que les son necesarias.

Fíjate: la serpiente de ARN del virus ha alcanzado un ribosoma. ¡El ribosoma parece encantado de conocerla! Aspira los genes del virus como lo haría una boquita de piñón con un es-

---

* Las proteínas que producen los ribosomas son moléculas largas, en forma de cadena, que se repliegan para convertirse en sólidas figuras tridimensionales. Imagina una pelota hecha de cinta adhesiva enrollada sobre sí misma.

pagueti gigante. Mientras tanto, por la parte superior del ribosoma, empiezan a tomar forma nuevas moléculas de proteínas.
Pero en vez de ser las proteínas que necesita la célula, son las
que necesita el virus.

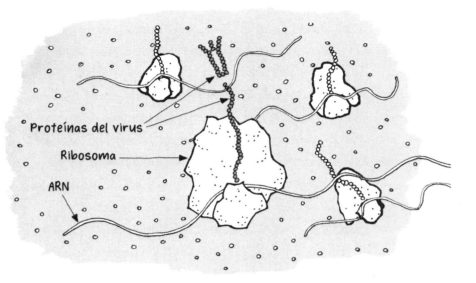

Proteínas del virus

Ribosoma

ARN

El ribosoma, a medida que va leyendo los genes del virus,
suelta nuevas proteínas. Primero forma dos grandes moléculas
de proteína y seguidamente las divide en dieciséis proteínas distintas más pequeñas, que inmediatamente se ponen manos a la
obra para hacerse con el control de las operaciones de la célula.
Y una de sus primeras tareas es forzar a la célula a hacer gran
cantidad de copias de los genes de ARN del virus.

Cada nuevo virus necesita un juego completo de genes de
ARN, y replicar genes es otra de las cosas vitales que ningún
virus puede hacer por sí mismo. Precisamente en eso es en lo

que algunas de las proteínas víricas recién creadas empiezan a trabajar. Pronto tienen a la célula produciendo docenas de nuevas cadenas de ARN en forma de serpiente. Algunas de esas nuevas moléculas de ARN contienen el juego completo de genes, que se empaquetarán dentro de nuevos virus. Pero, mientras tanto, ¿qué están haciendo las más pequeñas?

¡Espera!, parece que muchas de esas pequeñas nuevas moléculas de ARN se están alejando para encontrar a otros tantos ribosomas. Una vez hallados, les hacen producir masas y masas de proteínas del virus. Después de todo, es imposible crear nuevos virus sin una gran cantidad de nuevas proteínas de espiga, de la nucleocápside, de la envoltura y de la membrana.

¡Caray! El virus está transformando las células de la garganta ante nuestros propios ojos. Es como si un nuevo capataz pasado de rosca irrumpiera en una fábrica y la tomara por la fuerza. Además de tener unas ideas novedosas y radicales sobre lo que debería producir la fábrica, sus objetivos de producción son

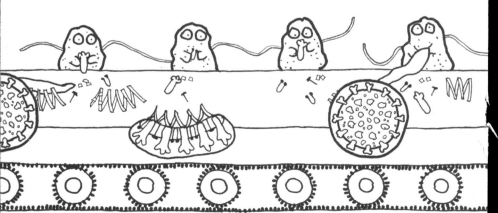

también muy ambiciosos. Algunas de las proteínas del virus están específicamente diseñadas para interferir las actividades normales de la célula. Y lo hacen de manera tan efectiva que la célula pronto está trabajando a toda máquina, dedicando toda su energía, sus materias primas y gran parte de su fuerza laboral proteínica a los planes del virus.

La toma de control funciona tan bien que la célula de la garganta básicamente ha aparcado todo lo que hacía antes de que le entrara el virus. Esta mañana estaba protegiendo el interior de la garganta, algo que sin duda ha dejado de hacer. Ahora lo que hace es producir proteínas en masa para fabricar nuevos virus.

El virus ha tardado unas diez horas en infectar y controlar a nuestra célula, y empiezan a aparecer los primeros coronavirus de toda una serie, campantes y flamantes. Cada virus es idéntico al que infectó la célula por primera vez. Durante las próximas doce horas más o menos, formarán ante nosotros en filas compactas esas espantosas bolas erizadas de siniestras espigas.

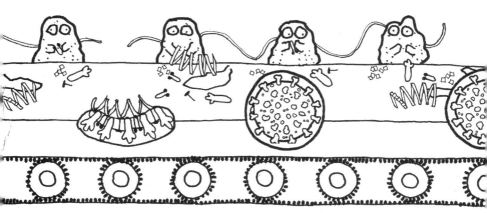

La célula incluso deja a todos esos nuevos virus listos para la entrega poniéndoles un bonito envoltorio, cubierto cada uno por una burbuja adicional de membrana lipídica. Ahora la célula está enviando toda esta carga letal al borde exterior, donde las burbujas recién empaquetadas se fusionan con la membrana externa de la célula, liberando todos esos nuevos virus al mundo…

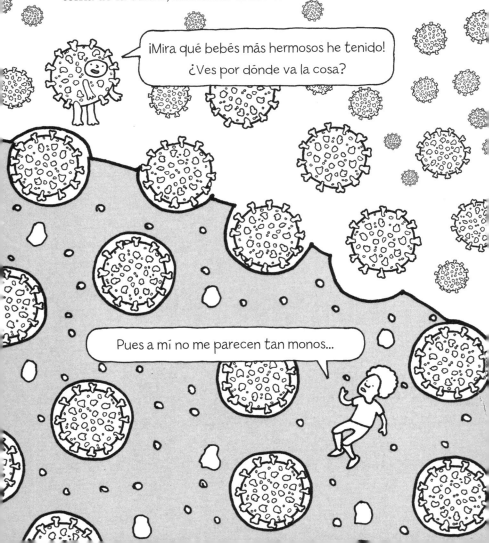

¡Oh no! ¡Será mejor que salgamos de aquí! Se diría que la célula de la garganta ya no puede más. Hasta donde sabemos, no todas las células mueren inmediatamente después de ser infectadas por el coronavirus, pero algunas sí. Y esta parece desvanecerse a pasos agigantados. Está empezando a disolverse, ¡desde adentro, que es donde estamos nosotros! No vamos a disolvernos también con ella, ¿verdad? ¡Invierte la función del reductor, rápido!

¡Uf! ¡Vaya meneo!

Anda que no hemos visto cosas ni nada. Un pequeño virus se abrió paso en una célula de la garganta y, en el transcurso de 24 horas, se hizo con el mando para producir un millar de virus más. Ni los conejos pueden reproducirse tan rápido.

Piensa que cada uno de ese millar de nuevos virus podría ir a buscar a otra célula a la que atacar. O ser expulsado del cuerpo de esa persona al toser e inhalado por el de otra. Y luego todos esos virus pueden infectar a otras células y repetir la misma operación una y otra y otra vez…

No está mal para un día de trabajo, ¿eh?

Vaya, vaya… Parece que la cosa se complica…

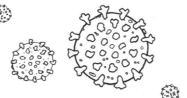

Capítulo tres

Virus y virus en tropel

Cómo avanzan por nuestro cuerpo como un incendio descontrolado

Un virus al aire libre, por sí solo, es un bichejo desvalido. Lo único que puede hacer es merodear a la caza de alguien donde poder introducirse e infectarlo. Pero una vez dentro, se entrega a una actividad frenética y utiliza nuestras células para reproducirse con una eficiencia aterradora. A partir de ese momento, los humanos debemos luchar por recuperar terreno. En poco tiempo, el virus no solo puede tomar el control de unas células determinadas, sino también de las de todo un órgano o incluso del cuerpo entero.

Para entender cómo los virus pueden hacer algo así, comencemos por observar de qué modo crece la población entre los seres humanos, en comparación con el ritmo vertiginoso y trepidante al que pueden reproducirse los virus.

Si cada pareja de humanos tiene dos hijos, básicamente se sustituyen a sí mismos en la siguiente generación. Si cada pareja tuviera cuatro hijos, la siguiente generación tendría el doble de individuos que la anterior. En términos científicos, en el primer ejemplo se dice que la tasa de crecimiento es de **1**, porque la segunda generación tiene el mismo tamaño que la primera. En el segundo ejemplo la tasa es de **2**, porque hay el doble de hijos que de padres.

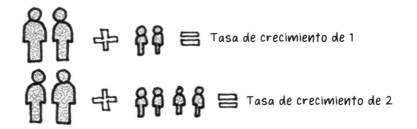

Aún no sabemos con exactitud cuántos nuevos virus tiende a originar el virus de la COVID-19 en cada generación, pero sí sabemos que otros coronavirus semejantes fabrican hasta mil virus en cada una de las células infectadas. ¡Eso significa que cada generación podría ser mil veces superior que la anterior! Así, diríamos que la tasa de crecimiento de tales virus sería de 1.000.

Cuando la población —de humanos, de virus o de lo que sea— crece de esta forma, en que cada generación multiplica la anterior, hablamos de crecimiento exponencial. Cuando la tasa de crecimiento es alta, como en el caso de muchos de los virus, puede provocar cambios de manera sorprendentemente rápida y masiva.

Para comprender la importancia de la tasa de crecimiento, imagina que tienes ante ti una localidad de 100 habitantes. Lo forman 50 parejas, y cada pareja tiene cuatro hijos en cada generación. Es decir, que su tasa de crecimiento es de 2. Así es como evolucionaría la población a lo largo de cuatro generaciones (suponiendo que nadie muriera o se mudara a otra localidad).

HUMANOS	VIRUS
Tasa de crecimiento 2	Tasa de crecimiento 1.000

Población inicial

100   100

1.ª GENERACIÓN

300

100.000 = una
ciudad grande

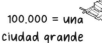

2.ª GENERACIÓN

700

100 millones = 1,5 veces la
población del Reino Unido*

3.ª GENERACIÓN

100.000 millones = 13
veces la población de la
Tierra**

1.500

4.ª GENERACIÓN

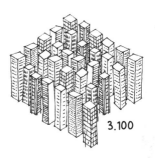

100 billones de virus

3.100

* Población del Reino Unido: 67 millones
aproximadamente
** Población de la Tierra: 7.800 millones, en
continuo crecimiento

Menuda diferencia, ¿no?

Porque, después de solo una ronda reproductiva, la población de virus ya era del tamaño de una gran ciudad. Y luego, en la siguiente generación, ¡había 1,5 veces más virus que personas en todo el Reino Unido! Y cuando estos se reprodujeron, de repente había 13 veces más virus que habitantes en todo el planeta. A continuación, los números se desmadran: terminamos con 100 billones de virus.

Para comprender estas cantidades tan enormes, es útil observar las células del cuerpo humano: el adulto medio está formado por 37 billones de ellas. Eso significa que, tras solo cuatro rondas reproductivas, un virus podría haber generado suficientes nuevos virus para infectar —y potencialmente matar— cada célula del cuerpo. Y no solo una vez, sino casi tres veces.

Los virus no tan solo pueden alcanzar cantidades realmente delirantes en unas pocas generaciones, sino que también pueden hacerlo de forma muy rápida. Si cada generación humana se renueva cada 30 años aproximadamente, nuestra localidad imaginaria de 100 personas hubiera tardado 120 años en llegar a los 3.100 habitantes. Un coronavirus por sí solo, en cambio, podría llegar a fabricar una nueva generación de 1.000 virus cada 24 horas. Su población puede dispararse y, tal como vimos en nuestro ejemplo, alcanzar magnitudes estratosféricas en tan solo cuatro días.

¿Empiezas ya a entender cómo un pequeño virus del tamaño de una pulga es capaz de infestar y vencer a un gigante que se alza por encima de las nubes?

¿Qué? Ves por qué me llaman Coronavirus el Poderoso, ¿no? ¡Sal corriendo mientras puedas! Y, por favor, para ya de compararme con una pulga...

No, para tú. Que todas esas cantidades se te están subiendo a la cabeza.

Además, que lo de los 100 billones era tan solo un ejemplo. En realidad, una infección por coronavirus no puede expandirse por el cuerpo humano con tanta rapidez. No todas las células infectadas seguirán absolutamente las instrucciones del virus y producirán 1.000 virus nuevos, especialmente una vez que el cuerpo y la célula activan sus sistemas de defensa antivirales. Y no todos esos nuevos virus encontrarán una célula a la que infectar. En parte, eso se debe a que tus pulmones y vías respiratorias están revestidos de una fina capa de mucosidad protectora, que puede evitar que los gérmenes lleguen a las células. Pero hay otra razón, y es que el nuevo coronavirus solo puede infectar a células que poseen la «cerradura» de la ECA2 (ver pág. 23) en su superficie. Y, afortunadamente para nosotros, esta no se encuentra en todas nuestras células.

Cuando el virus ha hallado una vía de entrada y empieza a multiplicarse, causa la enfermedad llamada COVID-19. Para entender mejor el proceso, lo dividiremos en tres fases. Es importante recordar que la mayoría de las personas mejora después de pasar la primera o la segunda fase, y solo una pequeña parte padece la tercera fase de la enfermedad, que puede poner en serio peligro su vida.

Fase 1: El sigiloso período de incubación

La mayoría de las enfermedades virales comienzan de forma gradual y silenciosa, y la COVID-19 no es una excepción. Para algunos virus, este período de incubación es corto. En el caso de la gripe, generalmente empiezas a sentir cierto malestar un par de días después de la infección. Otros virus, en cambio, se toman su tiempo: el período estándar de incubación de la mononucleosis o enfermedad del beso —causada por el virus de Epstein-Barr— es de alrededor de un mes. La COVID-19 suele tardar unos cinco días en manifestarse, aunque a veces el período de incubación se alarga hasta los catorce días o más.

Pero, por extraño que parezca, podemos tener una infección viral en estado bastante avanzado, con miles o incluso millones de células infectadas y dañadas, y no saber siquiera que está desarrollándose en nuestro cuerpo. Y, de hecho, muchas de las personas infectadas con el virus que causa la COVID-19 apenas parecen sentirse enfermos. Los científicos a veces los llaman portadores «invisibles» del virus. Afortunadamente, este parece ser el caso de la mayoría de los niños. Muchos lo contraen, pero a menudo los síntomas que presentan son parecidos a los de un ligero resfriado.

Todavía no está claro por qué mucha gente salda sus cuentas con la COVID-19 de una forma tan leve. Quizá tenga que ver, en parte, con la forma en que su sistema inmunitario mantiene el virus a raya. Pero también es importante recordar que la superficie de las vías respiratorias y los pulmones —los lugares favoritos del virus de la COVID-19 para propagar la infección— cubre un área muy extensa.

Nuestros pulmones contienen una gran cantidad de canales y compartimentos llenos de aire, un poco como una esponja, y todos ellos están hechos de células. No intentes hacerlo en casa, pero si de alguna forma pudieras extender toda la superficie del interior de los pulmones de un adulto, ¡ocuparía algo así como media pista de tenis! Lo que significa que los coronavirus pueden infectar y dañar muchas de tus células y es probable que no sientas nada, porque tienes muchas más células que funcionan bien.

Fase 2: La cosa empieza a ponerse fea

A menudo, uno de los primeros y más comunes indicios de que la COVID-19 podría pasar a una segunda fase más seria es algo a primera vista inocente: cosquilleo en la garganta y tos seca. Pero lo que realmente está sucediendo dentro del cuerpo es que el virus ha causado ya daño suficiente para que podamos comenzar a notarlo. Si mata un número considerable de células en el revestimiento de la nariz, la garganta, la tráquea y los pulmones, empieza literalmente a hacer cosquillas en las terminaciones nerviosas. Son esos nervios irritados los que nos hacen toser.

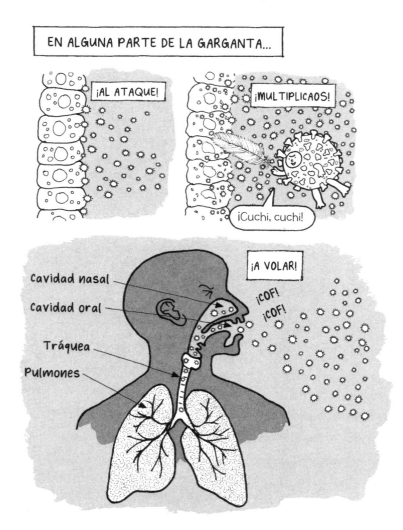

Al principio, el cuerpo ni se inmuta: toser es nuestra forma natural de expulsar de los pulmones y las vías respiratorias lo que no debería estar ahí. Y para el virus tampoco es ningún problema: cada vez que tosemos es una oportunidad para que miles de partículas virales salgan al exterior y tengan la posibilidad de encontrar a un nuevo gigantón humano a quien infectar.

Pero si el número de virus sigue creciendo de forma exponencial, el daño es cada vez mayor y el virus se propaga más profundamente en los pulmones. La tos puede resultar mucho más dolorosa e imposible de controlar. Por alguna razón —nadie sabe muy bien qué tiene que ver el virus con eso— muchas personas pierden, asimismo, el sentido del olfato y el gusto. Más frecuentemente, presentan también fiebre alta y, en general, se sienten cansadas, doloridas y con malestar general. Es por eso por lo que la COVID-19 puede parecerse mucho a una gripe fuerte, aunque en realidad su causa es un virus completamente distinto.

> Primero me comparas con las pulgas, ahora con mi prima lejana la gripe. ¿Qué vendrá después? Yo soy único, ¿entiendes?

Pues sí, eres único.

Pero, por desagradable que resulte la fase 2, recuerda que la mayoría de las personas mejoran. Puede que durante un par de semanas se sientan fatal, u ocasionalmente incluso durante más tiempo, pero lo acaban superando. Y aunque los mayores son en este caso los más vulnerables, hay bastantes casos de personas con más de cien años que se han recuperado de la enfermedad.

Para aquellos que no superen la fase 2, las cosas pueden ir mucho peor.

Fase 3: La vida en juego

Uno de los mayores enigmas por resolver que nos ofrece este virus es la razón por la cual algunas personas ni siquiera se dan cuenta de que lo tienen, mientras que otras pueden desarrollar una enfermedad extraordinariamente grave. El riesgo de que esto suceda es mayor para algunas personas que para otras. Es por eso por lo que debemos hacer todo lo posible para asegurarnos de que las personas mayores y las que ya tienen problemas de salud —de tipo cardíaco o pulmonar, obesidad o diabetes— no se contagien.

La fase 3 es la realmente arriesgada. Es aquella en la que el virus puede llegar a causar verdaderos estragos en los pulmones, hasta el punto que empiezan a llenarse de líquido y de restos de virus y células muertas. Si la cosa empeora de esta forma, se hace difícil o incluso imposible respirar adecuadamente y el paciente pasa a sufrir neumonía, con lo que puede que su sangre no absorba suficiente oxígeno. Las personas que llegan a este punto deben ser ingresadas en el hospital de inmediato. Algunos deberán conectarse a un respirador, una máquina que les ayudará a hacer llegar a su cuerpo el oxígeno necesario.

A medida que los virus empiezan a acumularse en grandes cantidades en los pulmones y las vías respiratorias, pueden pasar a la sangre y desde ahí afectar otras partes del cuerpo. A veces quien se ve afectada es la propia sangre, donde forma peligrosos coágulos, y los virus pueden acabar dañando los vasos sanguíneos, el corazón, los riñones, el hígado, los intestinos e, incluso, el cerebro. En todas estas partes del cuerpo siempre habrá células que contengan la cerradura de la ECA2, por lo que el virus encontrará la forma de entrar en ellas.

Si llega a esos extremos, la COVID-19 es una enfermedad muy desagradable y aterradora, y es necesario adoptar medidas extremas de tipo médico. Sin embargo, a veces la cosa no funciona y, lamentablemente, no todos mejoran. Todavía no hay ninguna cura para la COVID-19, por lo que, incluso con el mejor tratamiento disponible, una pequeña parte de las personas infectadas por el virus morirá.

Puede sonar raro, pero algunos de los peores síntomas de las enfermedades virales no son los efectos del virus en sí. A veces, los efectos más graves de la COVID-19, y también algunos de los síntomas más leves, como la fiebre de la fase 2, son causados, al menos en parte, por la forma en que nuestro cuerpo reacciona a la infección.

Así, mucho antes de que sintamos cualquiera de los efectos negativos del virus, nuestro cuerpo inicia una primera etapa de reacción cuando las células infectadas de los pulmones y las vías respiratorias dan la alarma, marcan el 112 y llaman al equipo de emergencias de nuestro cuerpo.

¡Cuidado, virus, que vienen a por ti!

Vaya. No me gusta nada lo que estoy oyendo.

Será mejor que te vayas preparando, virus, porque el sistema inmunitario sabe bien lo que se trae entre manos.

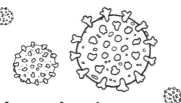

Capítulo cuatro

¡Zafarrancho de combate!

Conoce el increíble equipo de emergencias de tu cuerpo

Interponerse en el camino del virus es una de las cosas más maravillosas del universo conocido hasta ahora: de ello se encarga tu sistema inmunitario. Independientemente de la edad que tengas, puedes estar seguro al cien por cien de que tu sistema inmunitario ya te ha salvado la vida montones de veces. Y si tienes la desgracia de infectarte con el virus de la COVID-19, es probable que tu sistema inmunitario vuelva a hacerlo. Es posible que nunca te hayas ni planteado agradecérselo. Pero deberías.

Tu increíble sistema inmunitario no puede considerarse algo simple y sencillo, ya que en realidad está compuesto de cientos de miles de millones de células individuales. Son lo que llamamos leucocitos o glóbulos blancos. Tienen poderes asombrosos que les permiten tragarse, destruir o desactivar a los gérmenes invasores. Se presentan en una gran variedad de formas y tamaños, y se extienden por casi todos los distintos tejidos y órganos del cuerpo.

Tu sistema inmunitario no tiene un cerebro centralizado que lo controle en su totalidad, pero, sorprendentemente, todas estas células diferentes trabajan juntas, como partes de una máquina bien engrasada. Y aunque tu sistema inmunitario no tiene

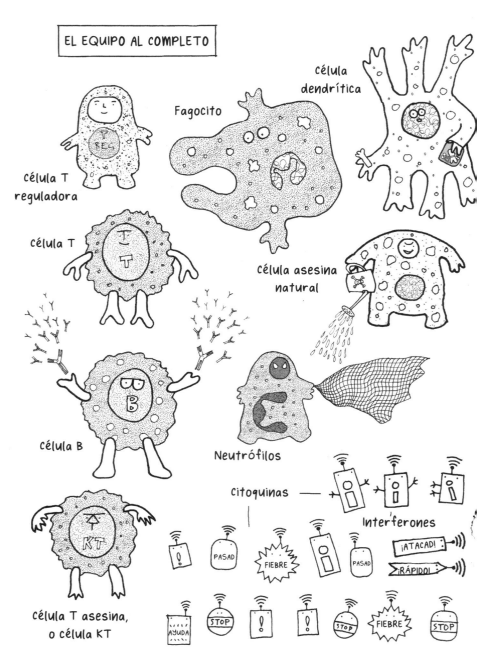

EL EQUIPO AL COMPLETO

célula dendrítica

Fagocito

célula T reguladora

célula T

Célula asesina natural

célula B

Neutrófilos

Citoquinas

Interferones

¡ATACAD!

¡RÁPIDO!

célula T asesina, o célula KT

PASAD

FIEBRE

PASAD

AYUDA

STOP

STOP

FIEBRE

STOP

ojos que le permitan ver lo que sucede, mantiene una vigilancia constante sobre el cuerpo. Y cuando detecta cualquier daño, peligro o algo que simplemente no parece funcionar correctamente, todo el sistema entra en acción.

Deberías ver lo que sucede debajo de tu piel cuando pillas una infección. ¡Es todo un espectáculo! Por tu cuerpo pulula un sinnúmero de células inmunitarias diferentes, como enormes escuadrones altamente capacitados de policías, bomberos y ambulancias que se apresuran hacia allí donde se ha producido un crimen, un accidente o un desastre natural de suma gravedad. Se ven respaldados también por algún que otro superhéroe de cómic de armas tomar.

A medida que se desplazan por el cuerpo, las diferentes células del sistema inmunitario conversan sin parar entre sí mediante su propio lenguaje de señales químicas. Entre estos marcadores químicos destacan las moléculas de proteínas llamadas citoquinas.

El cuerpo produce más de treinta citoquinas distintas, y cada una de ellas da instrucciones específicas a las células inmunitarias. Algunas actúan a corta distancia: solo las células cercanas pueden oír sus órdenes. Otras transmiten su mensaje a lo largo y a lo ancho, a menudo viajando a través del torrente sanguíneo, informando de una nueva amenaza a las otras células, pidiendo refuerzos o sugiriendo un cambio de táctica.

Esta constante charla química permite a las diferentes células del sistema inmunitario determinar entre sí cómo responder ante una herida o infección en concreto.

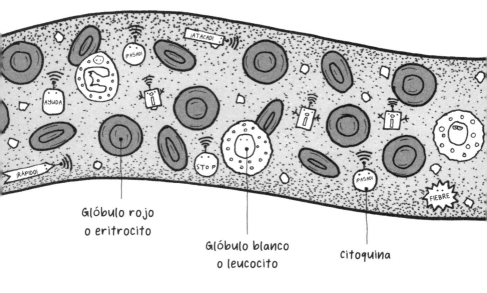

Glóbulo rojo
o eritrocito

Glóbulo blanco
o leucocito

Citoquina

Juntas, tienen que decidir si algo desconocido es un amigo, como ese nutritivo sándwich de queso y pepinillos que te acabas de comer, o un enemigo potencial, como los gérmenes que acechan en el moho que te pasó desapercibido en una esquina de ese mismo sándwich. Una vez han detectado que hay un problema, las células inmunitarias determinan la mejor manera de tratarlo.

Se necesita mucha energía para poner en marcha el sistema inmunitario, por lo que es comprensible que tu cuerpo no quiera echar mano de su gran poder más de lo necesario. Eso significa que, antes de pasar a la acción, hará todo lo posible para mantener a virus y demás gérmenes alejados del cuerpo.

Para un microbio minúsculo, tu piel es tan impenetrable como el hormigón armado.

El moco de la nariz atrapa el polvo y a los insectos como si fuera pegamento.

Otra fina capa de mucosidad protege el interior de los pulmones y el sistema digestivo.

Una especie de pelitos llamados cilios barren de los pulmones todo lo que queda atrapado en esta mucosidad.

La saliva, las lágrimas y el ácido estomacal son algo así como pociones antimicrobianas.

La mayoría de las veces, todas estas diferentes barreras físicas funcionan bastante bien. Pero no siempre tienen éxito.

¿Te has cortado un dedo? ¿Las bacterias han infectado tu oído? ¿El sándwich mohoso ha invadido tus intestinos? ¿O el virus de la COVID-19 ha atravesado la mucosidad y está afectando a las células de tu garganta? Cualquiera que sea el problema, el sistema inmunitario empezará rápidamente a responder ante la amenaza.

Todavía es demasiado pronto para saber cómo reacciona exactamente nuestro cuerpo ante el virus de la COVID-19, y no todos nuestros sistemas inmunitarios actúan del mismo modo, pero en general la respuesta ante cualquier virus dañino desencadena tres oleadas principales de actividad, cada una con su propio equipo especializado de personal de emergencia altamente cualificado.

Primera oleada: Las unidades de respuesta rápida

La mayoría de las células de tu cuerpo saben detectar cuándo les ha entrado un virus. Una de las maneras de responder a la invasión es dejando mensajes en forma de citoquinas, especialmente los llamados interferones.

Un interferón es un mensaje de advertencia que alerta a las células colindantes de que hay un peligroso virus suelto. Luego, tal como su nombre indica, interfiere con la capacidad del virus para introducirse en las células del cuerpo y reproducirse.

Pero el interferón es también una señal de socorro. Manda un SOS al cerebro y desencadena un aumento de la temperatura, esa fiebre de la que hablamos en el capítulo 3. La fiebre es, en parte, la manera que tiene el cuerpo de decirte: «Estás enfermo, descansa». Pero también es un intento de achicharrar al virus, antes de que te achicharre él a ti. Los virus y otros muchos gérmenes no pueden hacer frente al calor, ya que ralentiza su actividad.

A las pocas horas de que tu cuerpo haya detectado el virus, comienza a fluir más sangre al área infectada —otro efecto desencadenado por la fiebre y el interferón— y empiezan a llegar las células inmunitarias.

En primer lugar, hacen acto de presencia en la escena del crimen ese tipo de agentes de la ley que primero capturan al sospechoso y luego empiezan a hacer preguntas. Se dan cuenta de que algo sucede y pasan a la acción. Algunas de estas células se llaman fagocitos. Son unas células con un gran apetito. Rodean, engullen y digieren 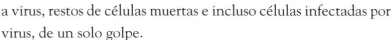 a virus, restos de células muertas e incluso células infectadas por virus, de un solo golpe.

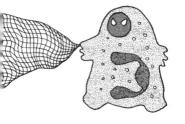

Los neutrófilos también forman parte del equipo de los fagocitos, pero además de tragarse a los invasores, tienen superpoderes adicionales. Al igual que Spider-Man, disparan una red, compuesta de una mezcla de proteínas y fibras de ADN, para capturar con ella a los gérmenes y acabar con ellos a base de devorarlos.

Luego están las células asesinas naturales. Su nombre ya lo dice todo. Si fueras una célula, no querrías encontrarte a uno de esos tipos en medio de la noche. Cuando se enteran de una infección, se dirigen hacia las células afectadas y las riegan con un preparado de sustancias químicas que las deja como un colador.

A esta tampoco me gustaría conocerla...

Ya ves que la cosa no pinta muy bien, y puede parecer extraño que una de las primeras reacciones del sistema inmunitario sea matar deliberadamente a las células infectadas por virus. Pero cabe tener en cuenta que, cuando te enfrentas a una amenaza de movimientos tan rápidos como la de un virus, es necesario tomar medidas drásticas.

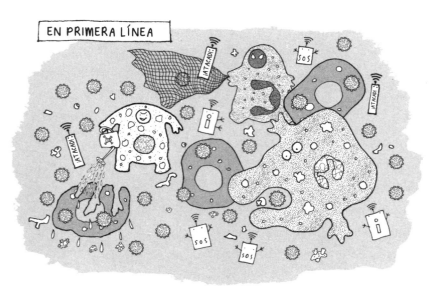

Pero incluso con una ofensiva así de contundente, los agentes de la ley de esta primera oleada generalmente no pueden detener completamente al virus. Necesitan refuerzos.

Segunda oleada: Los especialistas altamente capacitados

Mientras que los escuadrones de ataque de la primera oleada llevaban a cabo sus duras y brutales tácticas sin contemplaciones, también había otros agentes que actuaban más a la chita callando: se trata de las células dendríticas, un nombre que originariamente en griego significa «en forma de árbol» porque están cubiertas de pequeñas ramas. No suelen ir fuertemente armadas, pero son absolutamente cruciales a la hora de compartir informaciones de importancia vital y coordinar la respuesta inmunitaria.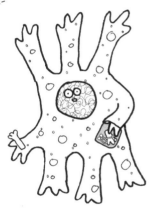

Las células dendríticas nacen en la parte central de los huesos, en el llamado tuétano o médula ósea, pero desde bien jovencitas se van de casa y recalan en cada uno de los órganos del cuerpo. Una vez allí, van pasando el rato tranquilamente, como los espías durante una operación encubierta. Observan. Y escuchan... Y cuando las células dendríticas notan algo sospechoso, empiezan a investigar. Lo que quieren son pruebas que puedan usar para informar a los otros departamentos sobre lo que está sucediendo en ese estado de emergencia. Cuando se encuentran con un virus, no se quedan allí plantadas. Se lo zampan y lo hacen añicos, luego se embarcan inmediatamente en otro largo viaje a través del cuerpo, llevando consigo en su interior esos pedazos de virus muertos.

Se dirigirán hacia un órgano del vientre llamado bazo, o quizá a un ganglio linfático, esos bultos que tienes en las axilas, la garganta, las ingles, etc. que a veces se hinchan cuando estás enfermo. Estos son los principales centros de entrenamiento del sistema inmunitario. Una vez dentro, las detectivescas células dendríticas empezarán a mostrar los fragmentos de virus que se tragaron a otro tipo de células inmunitarias, especialmente las células T y las células B.

¿Recuerdas la forma en que la espiga del virus actuaba como una llave? (ver pág. 23). Cada una de las células T y B tiene un tipo similar de «llave» en su superficie. Pero en este caso la «cerradura» no es la ECA2 humana, sino el pedacito de virus que la célula dendrítica oculta en su interior para mostrárselo. El sistema inmunitario necesita encontrar urgentemente células T y B cuyas llaves encajen en el virus, porque solo esas células con una coincidencia exacta son las que podrán aprender instantáneamente a detectar y luego eliminar al virus.

El único problema es que hay miles de millones de células T y B en el cuerpo, y solo muy pocas de ellas tienen la llave correcta para ese tipo de virus en particular. Imagina que posees mil millones de llaves donde escoger y sabes que solo una abre la puerta de casa: ¡con eso debe lidiar el sistema inmunitario!

Por suerte, tanto las células T como las B pasan el examen de las células dendríticas muy rápidamente.

No. No. No. No. ¡Sí!

Tan pronto como aparece una célula con la llave correcta, ¡bingo!, es ascendida inmediatamente y se prepara para llevar a cabo la misión que se le ha asignado. Pero primero necesita formar un equipo de agentes idénticos. Todo lo que debe hacer es reproducirse partiéndose en dos. Así, tenemos a dos células que nuevamente se dividirán, y estas a su vez, sucesivamente. En un par de días, la célula elegida ha formado un escuadrón de cientos o incluso miles de clones idénticos; en realidad, esta acumulación de nuevas células puede hacer que se hinchen tus glándulas y te sientas más sensible cuando sufres alguna infección. Estos equipos de células T y B parten hacia el lugar infectado viajando por el torrente sanguíneo.

Una vez activadas las células T y B, las cosas se complicarán, ya que tienen formas distintas de trabajar. Echemos un vistazo a algunas de ellas.

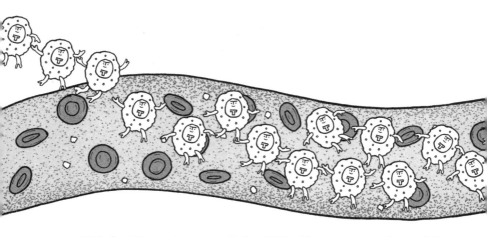

Células T asesinas o células KT: Algo así como las células asesinas naturales de la primera oleada, solo que estas no tienen el gatillo tan fácil. Utilizan su «llave» para seleccionar a las células infectadas con virus y matarlas sin piedad.

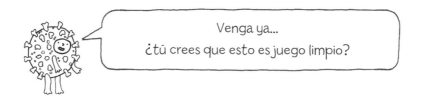

Venga ya...
¿tú crees que esto es juego limpio?

Bueno, es que no es ningún juego. Y lo empezaste tú, virus. Estas células solo hacen su trabajo.

Células T colaboradoras o células HT: Son jugadoras muy importantes del equipo, ya que evalúan la situación y van gritando sus útiles instrucciones a otro tipo de células inmunitarias cuando es necesario. Entre estas a las que prestan su colaboración se encuentran los hambrientos fagocitos de la primera oleada, a los que todavía les queda mucho por hacer, mascando gérmenes y células infectadas. Otra de las cosas de vital importancia de las células T colaboradoras es reclutar y animar a más células B a unirse al combate.

Células B: Estos agentes del sistema inmunitario manejan armas particularmente poderosas, los anticuerpos, unas moléculas que siguen el mismo principio de la cerradura y la llave con el que a estas alturas ya debes de estar más que familiarizado. Cada «llave» de anticuerpo coincide con una parte específica del virus. Pero en vez de mantenerlos pegados al exterior de una célula, las células B producen estas llaves de anticuerpos en grandes cantidades —hasta 2.000 anticuerpos idénticos por segundo— y los liberan en la sangre.

Se produce tal cantidad de anticuerpos que solo es cuestión de tiempo que acaben encontrando su correspondiente «cerradura» en el virus. Cuando alcanzan su objetivo, se aferran a él con fuerza. Entonces pueden suceder tres cosas:

- Cuando los anticuerpos se adhieren a un virus, pueden evitar que infecte otras células.
- Pueden agrupar a muchos virus en un amasijo no infeccioso: un plato suculento para un fagocito.
- Pueden actuar como una gran pancarta, con un mensaje que dice: «¡Aquí me tienes, sistema inmunitario, ven a por mí!».

Malos gérmenes que traen buenos recuerdos

Una de las cosas más admirables sobre los anticuerpos es la manera que tiene nuestro sistema inmunitario de recordar cómo fabricarlos, incluso mucho después de que nos hayamos recuperado de la enfermedad. A tal efecto, algunas de las células B pasan a ser células de memoria. (Las células T también pueden hacerlo, convirtiéndose entonces en células T de memoria.) Y, tal como adivinaste, estas células son la forma principal que tiene el sistema inmunitario para recordar.

Una vez que se han creado, las células de memoria pueden sobrevivir varias décadas. Y si alguna vez vuelven a toparse con el mismo germen, pueden empezar a producir los anticuerpos adecuados y a activar las células T de inmediato. La primera vez que cogemos una infección, generalmente tardamos varios días en poner en marcha los equipos de células inmunitarias de la segunda oleada, pero las células de memoria pueden activarlas de forma mucho más rápida. A menudo, basta con eso para detener una infección incluso antes de que comience.

Este tipo de memoria es lo que llamamos inmunidad. Y de hecho es muy útil. Después de una infección viral como el sarampión, por ejemplo, la inmunidad es generalmente para toda la vida: si lo has padecido, nunca lo volverás a tener. Contra otros virus, incluidos algunos de los que causan la gripe, la inmunidad puede ser solo de unas pocas semanas o meses. En cuanto al virus de la COVID-19, todo el mundo espera que la inmunidad dure largo tiempo, pero aún es demasiado pronto para saberlo con certeza. Tal como reaccionan las personas a los otros tipos de coronavirus, la mayoría de los científicos creen que la inmunidad para este en particular podría ser de entre uno y tres años. Las vacunas también activan la inmunidad: te aseguran la protección sin tener que sufrir primero la enfermedad en sí.

Tercera oleada: La operación de limpieza

Estamos llegando a las etapas finales de la respuesta inmunitaria al virus y los jugadores clave ahora son las células T reguladoras o, como se las conoce abreviadamente, T-regs, que se pronuncian como el dinosaurio T. rex, aunque son infinitamente más pequeñas y menos peligrosas. Imagínatelas un poco como oficiales al mando, bomberas y oficiales de apoyo comunitario al mismo tiempo.

Los equipos inmunitarios de la primera y la segunda oleadas infligen un daño considerable en las propias células del cuerpo. Si el proceso se desarrolla durante mucho tiempo, puede causar serios problemas. Así pues, es a las células T reguladoras a quienes corresponde juzgar cuándo acabar con la tarea de combatir el virus y decir basta. Es entonces cuando abren las mangueras para eliminar el ardor de la respuesta inmunitaria y, en general, hacen lo posible para restaurar la calma.

Fue una citoquina apellidada interferón quien hizo sonar la alarma y activó el sistema inmunitario. Ahora, las T reguladoras producen citoquinas que funcionan de forma contraria: ordenan a las demás células inmunitarias que detengan sus ataques.

PONIENDO UN POCO DE ORDEN

Estamos llegando al final de la infección y muchas de esas células inmunitarias han estado trabajando sin descanso durante días. Cuando les dicen que paren les coge un patatús, de tan agotadas como estaban, ¡y fallecen! El pus que se acumula en las heridas infectadas se compone principalmente de células inmunitarias muertas. Algo similar puede llegar a acumularse en los pulmones en casos graves de COVID-19.

Las células T reguladoras, sin embargo, no solo ordenan a las células inmunitarias que dejen de funcionar, sino que ponen también a otras células a trabajar: son llamados a comparecer algunos de los bravucones fagocitos de la primera oleada, que ahora deben ponerse a succionar todo ese desaguisado de células y virus muertos. Si todo va según lo planeado, las tres grandes oleadas del sistema inmunitario trabajan juntas para enviar el virus al garete. Pero el sistema inmunitario siempre camina por la cuerda floja, tratando de encontrar el equilibrio apropiado entre detener al virus y no dañar el cuerpo. Y, lamentablemente, la cosa no siempre funciona.

Muchos profesionales de la medicina piensan que algunos de los peores síntomas de la COVID-19 se desencadenan cuando las tres oleadas no se coordinan adecuadamente. Si la tercera oleada no puede controlar a las precedentes, el sistema inmunitario puede cabalgar a toda marcha, a veces lanzando feroces ataques contra varios de los órganos internos del cuerpo al mismo tiempo, incluso a los que no están infectados por el virus. Esto se llama tormenta de citoquinas, porque es causada por la sobreproducción masiva de citoquinas que activa una tormenta de células inmunitarias, con lo cual puede bajar la presión arterial y es posible que los órganos vitales dejen de funcionar correctamente. Las personas pueden recuperarse del choque, pero es una experiencia extremadamente desagradable tanto para la persona involucrada como para todos los que cuidan de ella.

Hay que tener en cuenta que algo así solo le sucede a una pequeña parte de los pacientes. Hay muchísimas más personas que mejoran que las que acaban falleciendo por el virus. Y todo gracias al funcionamiento ejemplar de nuestro sistema inmunitario. De hecho, las respuestas inmunitarias suelen ser tan eficaces que muchos de los virus ya se pueden dar por satisfechos si consiguen sobrevivir. Si una infección por virus quiere salir adelante, no solo puede focalizar su propagación en el cuerpo de una persona, sino que debe encontrar la manera de propagarse también a otras personas. Y a menudo tiene que hacerlo de forma rápida, antes de que nuestro sistema inmunitario lo localice y lo destruya.

Cómo te gusta martirizarme, ¿eh?
Vaya porquería de capítulo. ¡Yo me largo!

Ya sé que no te gusta escuchar según qué cosas. Pero tengo la extraña sensación de que todavía no hemos acabado contigo…

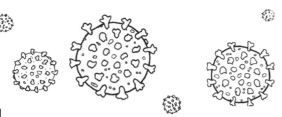

Capítulo cinco
Hacerse viral
Cómo los virus saltan de persona a persona y viajan por el mundo

Probablemente hayas oído la expresión «hacerse viral». La usamos para describir cómo un nuevo juego o pasatiempo puede llegar a enganchar a la población escolar y del mundo entero. O cómo las modas, las canciones, los peinados extravagantes, los memes de internet y los vídeos de gatos pueden pasar de no existir a encontrártelos hasta en la sopa en tan solo un minuto.

Lo que todas estas cosas tienen en común es que pueden crecer muy rápidamente a partir de un bombazo. Es decir, que pueden extenderse por crecimiento exponencial. Y, como dijimos en la página 38, eso es precisamente lo que algunos virus intentan hacer una vez que se han introducido en nuestro cuerpo. Es parte de su plan de propagarse por tantos cuerpos como les sea posible.

Así, si uno de estos virus pretende «hacerse viral» y transmitirse por toda una ciudad, o incluso por todo el mundo, debe ganar una carrera en la que el contrincante es el sistema inmunitario y el premio, la supervivencia. Para mantener vivo un brote infeccioso, el virus debe asegurarse de que puede saltar de un huésped a otro antes de que:

a) el sistema inmunitario del huésped mate o debilite demasiado al virus, o

b) el virus incapacite completamente —o mate— al huésped.

(A los científicos les encanta usar la palabra «huésped» para definir a las personas o criaturas a las que infecta el virus, como si este fuera un invitado bienvenido a casa, algo que no es en absoluto.)

Estos virus pueden moverse con bastante rapidez, por lo que si no queremos que ganen ellos la competición, tenemos que hacer lo posible para ir siempre por delante.

El virus de la COVID-19, que comenzó a causar estragos en todo el mundo en 2020, muestra lo rápido que pueden propagarse los virus. Por lo que sabemos hasta ahora, la primera vez que el virus infectó a un humano fue en la ciudad china de Wuhan, en noviembre de 2019 (de ahí es donde procede el «19» de la COVID-19). En la primavera de 2020 ya había llegado a todos los continentes —aparte de la Antártida—, dejando tras de sí un rastro de destrucción. Para entender cómo se las arregló para hacer algo semejante, debemos entender cómo logró obtener una ventaja tan grande sobre nosotros.

En primer lugar, tenemos el período de incubación de cinco a catorce días (ver pág. 42), en el que el virus va reproduciéndose tranquilamente antes de que empecemos a sentirnos mal. Resulta que, durante este período, nuestro cuerpo puede empezar a producir y a liberar suficientes virus como para infectar a otras personas. Así, aquellos que incuban la enfermedad, a los que podríamos llamar «incubadores», pueden propagar el virus durante al menos dos días, o incluso más, antes de mostrar cualquier síntoma y sin tener la menor idea de que el virus está trabajando a pleno rendimiento dentro de sus cuerpos.

Luego están los «invisibles» o «asintomáticos», aquellos que parecen coger el virus y pueden transmitirlo, pero no presentan síntomas de la enfermedad. Al principio de un brote, los «incubadores» y los «invisibles» simplemente continúan viviendo sus vidas como de costumbre. Van a la escuela, a la universidad y al trabajo. Miles de ellos viajan en trenes y autobuses abarrotados; asisten a partidos de fútbol, conciertos y museos; y vuelan en avión a otros países y continentes.

Puede que no tenga alas, pero mira cómo vuelo.

No te preocupes, enseguida te traemos de vuelta a la tierra.

Así, el nuevo coronavirus no solo logró llegar a todos los rincones del planeta, sino que también sabía exactamente cómo infectar a todo aquel que se cruzaba en su camino.

El virus de la COVID-19 puede sobrevivir varias horas en las pequeñas gotas de agua, mucosidad o saliva que expulsamos al toser, estornudar y tal vez incluso al respirar. También puede acechar como una peligrosa huella dactilar en las manchas invisibles que dejamos en la manija de las puertas, la mesa de trabajo y el asiento del tren. Luego, por supuesto, puede pasar de estas superficies a nuestra boca y nariz a través de las manos cuando nos tocamos la cara.

En poco tiempo, el virus estaba en casi todas partes introduciéndose en un gran número de cuerpos humanos. Pero, por suerte para nosotros, no es tan hábil saltando de persona a persona como cuando pasa de célula a célula. Como vimos en el capítulo 3, cada célula infectada puede llegar a infectar a otras mil células. Una persona infectada no puede contagiar a un número tan elevado de personas.

Los científicos son de la opinión de que, incluso en las primeras etapas de un brote infeccioso, cuando todos somos un objetivo potencial y las personas se mezclan entre sí de forma habitual, cada persona que tiene el virus de la COVID-19 infecta, en general, a otras dos o tres personas. Es lo que tiene generalizar, ya que algunas no se lo contagiarán a nadie más, mientras que otras serán «supertransmisoras», las cuales, por razones que aún desconocemos, parecen infectar a mucha más gente que las demás.

Una infección que produce dos nuevas infecciones puede que no suene tan mal. Pero eso significa que el número de casos se duplica en cada ronda de infección y, además, puede conllevar un crecimiento exponencial.

Si sales a la calle y andas 30 pasos, no llegarás muy lejos.

Imagina, en cambio, que tienes unas piernas superextensibles que hacen que cada paso que des sea dos veces más largo que el anterior. Si tu primer paso tenía una longitud de 0,5 m, tu segundo paso sería de 1 m, el tercero de 2 m y así sucesivamente... Hasta aquí bien.

Pero al dar el paso número 15 harías un salto de 16 km lejos de tu vecindario...

Lo creas o no, con el paso número 27 habrías dado una vez y media la vuelta al mundo (esas piernas mágicas tendrían que ser increíblemente extensibles).

En lo que respecta al nuevo coronavirus, puede acumular varias generaciones duplicadas con bastante rapidez. Cuando se le permite propagarse a través de un grupo de personas que no se habían infectado anteriormente, los científicos creen que el número total de infecciones puede duplicarse, en general, cada seis o siete días. Y como sucedía con tus pasos, al principio la propagación del virus no parecerá una cosa tan dramática. Pero de repente, ¡plaf!, está en todas partes.

Eso es precisamente lo que ocurrió con la COVID-19. Durante bastante tiempo después de que se confirmara el primer caso el 17 de noviembre de 2019, la enfermedad parecía afectar principalmente a una provincia de China. Cuando un brote infeccioso se propaga de esta forma en solo una parte del mundo, se dice que es una epidemia.

Pero entonces comenzaron a darse casos en otros países.

El 11 de marzo de 2020, la enfermedad ya había aparecido en 114 países y se definió oficialmente como una pandemia, lo que

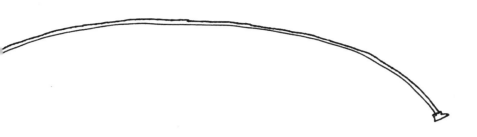

significaba que por casi todo el mundo se habían declarado varias epidemias.

Luego, el 2 de abril de 2020, la COVID-19 registró otra marca poco agradable: se confirmó un total de un millón de casos conocidos en todo el mundo. Se pasó de un solo caso a un millón en poco más de **diecinueve semanas**. El segundo millón de casos conocidos apareció solo **dos semanas** después.*

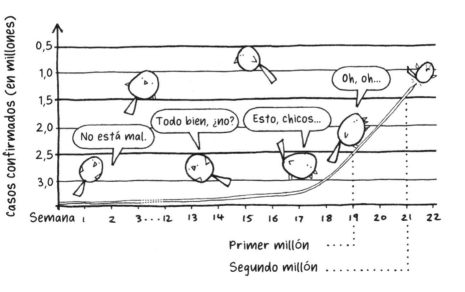

---

* Una vez que las personas empezaron a cambiar sus hábitos para reducir la velocidad de propagación del virus, la COVID-19 no pudo mantener esa tasa de duplicación exponencial.

Ya ves, así es como lo hago. No es cuestión de magia, tan solo es pura matemática. Una pizca de crecimiento exponencial y un puñado de humanos tosiendo y puedo ir a donde quiera.

Pues sí. Eres una amenaza aún mayor de lo que pensaba. No solo puedes detener por completo a gigantones humanos, sino hasta al mundo entero...

Aunque una dolencia solo haga enfermar gravemente a una pequeña parte de las personas a las que infecta, y solo otra pequeña parte de esas personas muera, cuando esa enfermedad se desplaza tan velozmente como la COVID-19, el número de tragedias puede aumentar con rapidez. Es por esa razón por la que, durante la primavera de 2020, tantos países empezaron a tomar medidas drásticas para frenar la propagación del virus.

Hay muchas cosas que podemos hacer para superar y vencer a este virus, y esto lo veremos en el próximo capítulo. El problema es que también nos enfrentamos a muchos otros virus, que usan todo tipo de tácticas de lo más retorcidas y desagradables, y nunca juegan limpio. Si queremos llevarles la delantera, es necesario comprender sus artimañas.

La tan temida propagación

Algunos virus se propagan aprovechando las funciones corporales habituales del huésped, como sucede con la tos cuando pillas

la COVID-19. Otros dejan que sean unos inocentes insectos quienes se encarguen de ello. Algunos virus siempre tienen prisa. Otros se toman su tiempo. Aquí tienes algunas de las estrategias más utilizadas a la hora de propagar enfermedades; verás que algunos virus usan inteligentemente más de una técnica.

1. Ataque aéreo

Ejemplos: COVID-19, gripe, sarampión, viruela, varicela y el resfriado común (causados por una variedad de diferentes rinovirus, adenovirus y coronavirus).

Descripción: Estos virus prefieren viajar de persona a persona en pequeñas gotas de mucosidad y saliva. Pueden irritar nuestros nervios y hacernos toser y estornudar, expulsando los virus al aire que respiramos.

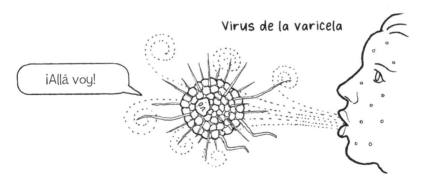

Virus de la varicela

¡Allá voy!

Sorprendentemente, el sarampión lo causa uno de los virus más infecciosos que se conocen. Una persona infectada puede transmitir el virus a nueve de cada diez personas no inmunes con las que entre en contacto.

¡Vaya! ¡Piensa en cómo me comería el mundo si fuera tan contagioso como el sarampión!

Afortunadamente, la COVID-19 no puede propagarse tan fácilmente como el sarampión. Además, hay acciones bien sencillas que pueden ayudar a reducir la propagación de todos estos virus, como lavarse las manos y toser o estornudar en un pañuelo desechable (y luego tirar el pañuelo con cuidado).

2. Reacción visceral

Ejemplos: Rotavirus, norovirus.

Descripción: Estos virus entran por la boca e infectan y matan las células que recubren el sistema digestivo. Esto puede impedir la absorción de líquidos, causando episodios violentos de diarrea y vómitos. Qué bonito, ¿no?

Y es que para las personas muy jóvenes o de salud frágil, una diarrea prolongada puede resultar mortal.

Es el vómito y la diarrea que producen estas dolencias lo que propaga la enfermedad. Están llenos de virus: puedes encontrar hasta 30.000 millones en una cucharadita, aunque solo se necesita una decena para iniciar una infección. Pueden sobrevivir semanas enteras fuera del cuerpo, via-

¡Échame una mano!

Norovirus

jando desde la tapa del váter y los grifos hasta las manos y el estómago de las personas.

Sorprendentemente, los virus que causan la diarrea matan a más de un cuarto de millón de menores de cinco años de forma anual, principalmente en los países pobres.

Afortunadamente, estos virus pueden vencerse con bastante facilidad, siempre y cuando pudiéramos asegurarnos de que todo el mundo tuviera acceso a agua potable, inodoros higiénicos y cualquier vacuna que hubiera disponible.

3. *Contacto con tacto*

Ejemplos: Viruela, varicela, ébola, mononucleosis, verrugas y herpes labial, y todos los demás virus transmitidos por el aire y amantes del sistema digestivo de (1) y (2).

Descripción: Mantener el contacto no es siempre una buena idea. La viruela fue una de las enfermedades más graves y letales que hayan existido. Dejaba la piel plagada de dolorosas ampollas purulentas llenas de virus. Cuando las ampollas reventaban y se cubrían de costra, las víctimas propagaban la infección a cualquier persona y cosa que tocaran. Por suerte ya no es una amenaza, gracias al programa global de vacunación llevado a cabo. La varicela no es tan grave pero se propaga de forma similar. Las verrugas pueden sobrevivir en las superficies que han tocado las personas infectadas, pero prefieren el contacto directo de unos con otros. Al igual que ocurre

Virus del Ébola

77

con el ébola, uno de los pocos virus que puede ser tan mortal como la viruela. El herpes labial y la mononucleosis se contagian más fácilmente cuando nos besamos.

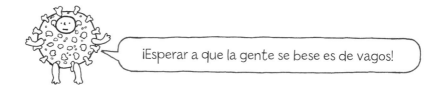

¡Esperar a que la gente se bese es de vagos!

Sorprendentemente, el ébola es uno de los virus más terriblemente letales de la historia. Durante el primer brote conocido, ocurrido en la República Democrática del Congo en 1976, casi el 90 % de las víctimas murieron.

Afortunadamente, la primera vacuna fue aprobada en 2019.

4. Mezcla de fluidos corporales

Ejemplos: Hepatitis B, hepatitis C, VIH-1.

Descripción: Para algunos virus, tocarse no es suficiente. Necesitan una mezcla de sangre u otros fluidos corporales para propagarse. La hepatitis B puede dañar el hígado y, a veces, hasta causarle un cáncer. Se puede transmitir si varias personas se inyectan con la misma aguja no esterilizada, o durante las relaciones sexuales, o de madre a hijo durante el parto, por ejemplo. El VIH-1, el virus que causa la enfermedad del sida (síndrome de inmunodeficiencia adquirida), se propaga de manera similar. Obviamente, trata de evitar el sistema inmunitario infectando y destruyendo algunos de los glóbulos blancos más necesarios para combatirlo.

Sorprendentemente, desde que se identificó el VIH-1 en la década de 1980, ha infectado a 75 millones de personas y ha matado alrededor de 32 millones.

Afortunadamente, los científicos han ideado buenos tratamientos farmacológicos para el sida, aunque son caros y no siempre fáciles de conseguir, especialmente para los habitantes de los países pobres.

5. El método disimulado y persistente
Ejemplos: Varicela, VIH-1, mononucleosis o enfermedad del beso, verrugas y herpes labial.

Descripción: ¿Notaste cómo se solapaban las categorías (3) y (4)? No es casualidad. Algunos virus pueden permanecer inactivos y esperar hasta que haya una oportunidad de saltar a otro huésped. Los virus que causan las verrugas, el herpes labial y la mononucleosis pueden permanecer latentes, como si estuvieran dormidos, pero pueden reaparecer cuando la persona está enferma o estresada. Después de recuperarnos de la varicela, por ejemplo, nuestros cuerpos nunca se deshacen del virus por completo, sino que permanece agazapado dentro de algunas de las células nerviosas. Décadas más tarde, puede despertarse de nuevo y causar una enfermedad llamada herpes zóster o culebrilla. Y una vez que la tienes, puedes contagiar otra vez la varicela.

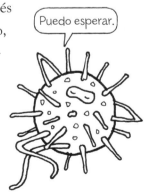

Virus de la enfermedad del beso

Sorprendentemente, el VIH-1 no solo se mantiene latente, sino que mezcla sus genes con los genes humanos de las células a las que infecta. A partir de ese momento, los genes del virus forman parte esencial de la célula. Por lo que, dondequiera que vaya la célula infectada y haga lo que haga, allí irán también los genes del VIH-1.

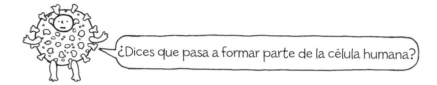

¿Dices que pasa a formar parte de la célula humana?

Efectivamente. Gracias a esa triquiñuela, es mucho más difícil deshacerse de él. Pero bueno, por suerte es algo que tú no puedes hacer.

6. De paseo con los bichos

Ejemplos: Fiebre amarilla, dengue, fiebre del Zika, chikunguña y fiebre del valle del Rift (todas transmitidas por mosquitos); los virus de Bourbon y Heartland y la encefalitis transmitida por garrapatas (a estos les van más los ácaros); la fiebre pappataci (que viaja a bordo de las moscas de la humedad).

Descripción: Esta es una estrategia efectiva para los virus a quienes les gusta infectar animales. A los mosquitos y a las garrapatas no les importa demasiado de dónde provienen sus atracones de sangre: sea de vaca, caballo, pájaro, mono o humano, ¿qué más da? Estos virus no solo se pegan unos viajes gratis entre huésped y huésped, sino que cuando los insectos portadores nos pican, también nos inyectan directamente a sus pasajeros invisibles a través de la piel.

Sorprendentemente, los mosquitos se reproducen en terrenos cálidos, lluviosos y húmedos. Si comienzan a proliferar por nuevas tierras a medida que la crisis climática va calentando el planeta, los virus que transportan también harán acto de presencia. **Afortunadamente**, los científicos están desarrollando for-

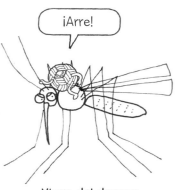

Virus del dengue

mas de detener la propagación de las enfermedades transmitidas por mosquitos, a base de infectarlos deliberadamente con ciertas bacterias o manipular sus genes. Mientras esperamos a ver si funciona, sigue aplicándote repelente de insectos.

Más datos: La malaria es probablemente la enfermedad transmitida por insectos más conocida y más letal, pero no la causa ningún virus, sino unas pequeñas formas de vida unicelulares llamadas plasmodios.

7. *El hackeo del cerebro*
Ejemplos: Rabia.

Descripción: El virus de la rabia no deja demasiado al azar. Se transmite a través de la saliva de los animales infectados, así que ya puedes rezar para que no te muerda un perro (o un murciélago, un zorro, un lobo, un mono, un gato, un mapache…)

rabioso. Al introducirse en el cuerpo, el virus de la rabia alcanza las fibras nerviosas y empieza a dirigirse directo al cerebro. Una vez dentro del cerebro, se desatan los peores síntomas y la infección casi siempre es mortal. Entonces es cuando realmente empieza la carrera por la supervivencia del virus. Necesita salir de su huésped actual y encontrar a uno nuevo rápidamente. Por lo tanto, hace todo lo posible para que sus víctimas pierdan la sensación de miedo y se vuelvan hiperactivas y altamente agresivas. En poco tiempo es probable que empiecen a atacar a otras criaturas. Si te suena a pesadilla es porque básicamente lo es.

Sorprendentemente, eso no es todo. La rabia también puede hacer que las personas infectadas le tengan pavor al agua y que tragar se convierta en una terrible experiencia. Asimismo, la boca de la víctima empieza a desbordar saliva altamente infecciosa antes de comenzar a morder.

Afortunadamente, existe una vacuna eficaz contra la rabia. Y no solo evita que se contraiga la enfermedad, siempre que se administre poco después de haber sido mordido, sino que también puede detener el virus.

Este virus sí que está enfermo. Incluso yo estoy sorprendido por la manera en que se comporta la rabia.

Orugas zombis

La rabia es mala, pero lo que le hace el baculovirus a la oruga de la lagarta peluda es aún peor. Primero, activa un interruptor oculto en el cerebro de la oruga que la hace subir a las copas de los árboles. Luego, el virus comienza su oleada de asesinatos, convirtiendo a la oruga en una bolsa de pus ambulante; su piel se resquebraja y empieza a caer una lluvia de virus altamente infecciosos sobre las hojas de abajo, que infectan a otras orugas desprevenidas. Es como la peor película de zombis de la historia. Y, por supuesto, la pobre oruga de la lagarta peluda muere.

Debo. Subir. Árbol...

A pesar de lo escalofriante de estas tácticas engañosas y, a veces, francamente manipuladoras de los virus, te gustará saber que todavía hay un largo camino por recorrer en esta carrera. Y no solo debemos confiar en nuestro fantástico sistema inmunitario: a diferencia de los virus, los humanos saben cómo avanzar trabajando en equipo. Y para eso tenemos a la CIENCIA.

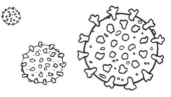

Capítulo seis
La ciencia contra el virus
Cómo podemos ir un paso por delante

Durante toda nuestra existencia en este planeta, hemos tenido que aguantar a los virus que nos han elegido como anfitriones para montarse una buena juerga.

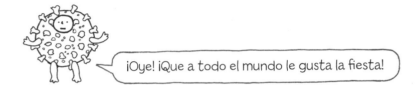

¡Oye! ¡Que a todo el mundo le gusta la fiesta!

Sí, pero a nadie le gustan los gorrones sinvergüenzas como tú. Los primeros humanos modernos (*Homo sapiens*) evolucionaron hace unos 200.000 años, aproximadamente 195.000 años antes de que se construyera la primera pirámide en el Antiguo Egipto. A este período le llamamos la prehistoria. En esta era tan prolongada, la mayoría de la gente vivía en pequeñas tribus o grupos familiares, deambulando por los alrededores cazando, recolectando y, en general, pillando todo lo que encontraban a su paso para ganarse el sustento.

Al principio, probablemente no tenían que preocuparse demasiado por los virus, porque muchos de los virus que causan los peores brotes epidémicos —y los mayores problemas— simplemente aman las multitudes. Los lugares con mucha gente favorecen su propagación. Y dado que nuestro sistema inmunitario generalmente es eficaz a la hora de aniquilar a los virus que causan enfermedades como la gripe, el sarampión y el resfriado común, estos virus amantes de las multitudes deben asegurarse de que puedan saltar a su próximo huésped antes de que el primero se recupere de la infección.

Pero en la prehistoria no había demasiados humanos, lo que, para muchos de los virus amantes de las multitudes, era un gran problema.

Tampoco es que nuestros antepasados cazadores-recolectores hayan gozado de una salud de hierro. Nada de eso. Seguro que se vieron afectados por todo tipo de bacterias, hongos y demás parásitos. Tampoco se debieron de librar de los virus. Algunas graves enfermedades virales como la rabia casi con toda seguridad les pasaban factura de vez en cuando, pero al no ser muy numerosas las poblaciones, las grandes epidemias probablemente no fueran algo habitual.

Los científicos creen que los virus humanos que prosperaron mejor en esos días fueron los que siguen el método disimulado y persistente, particularmente en sus variedades más leves. Por lo general, podemos ir tirando bastante bien con herpes y verrugas. Desde el punto de vista del virus, si su huésped no se encuentra con otras personas muy a menudo, no es una táctica inteligente matarlos, y ni siquiera confinarlos en cama, demasiado rápido.

Hace unos 12.000 años, algunas de las cabezas pensantes que vivían en la región del mundo que hoy conocemos como Oriente Medio, decidieron dejar de deambular arriba y abajo y, literalmente, echar raíces. Empezaron a cultivar los campos, con productos de temporada como el trigo, la cebada y los guisantes. Luego comenzaron a domesticar animales y a tenerlos en casa para asegurarse el alimento, el transporte y una buena compañía. No tener que buscar comida constantemente hacía la vida mucho más fácil, eso seguro.

Surgieron aldeas, pueblos y ciudades. Más adelante se formaron verdaderos imperios, conectados por una red de caminos y carreteras, así como por barcos que surcaban el mar. Ahora las personas se topaban entre sí con mucha más frecuencia, tanto en sus viajes por tierra y por mar como reuniéndose y mezclándose en pueblos, ciudades y puertos.

Mientras tanto, los virus que durante millones de años habían estado conviviendo con éxito con las manadas de animales no humanos, de repente empezaron también a moverse. Vacas, caballos, cerdos, cabras y ovejas fueron algunos de los primeros animales que nuestros antepasados decidieron domesticar y criar en forma de ganado. Les proporcionaban carne y lácteos, los ayudaban a tirar del arado y a transportar pesadas cargas. A lo largo de los siglos, habían sido también muy generosos con sus virus.

Gracias a todos estos animales hospedados en casa, y gracias también a algunas donaciones de ratas, ratones e insectos que acudieron a las casas de nuestros antepasados sin haber sido invitados, obtuvimos una nueva cosecha de virus. Aquí se incluyen el sarampión, las paperas, la gripe, los rotavirus y la viruela, sin mencionar toda una desagradable retahíla de enfermedades no virales.

Los virus dejaron huella en las primeras civilizaciones de la humanidad:

- En el rostro de momias egipcias de 3.000 años de antigüedad pueden apreciarse las distintivas cicatrices que causa la viruela.
- Algunas pinturas egipcias muestran también a personas afectadas de poliomielitis, una enfermedad viral que puede paralizar parcialmente a algunas de sus víctimas.
- Incluso existen pruebas de que, hace 2.500 años, los antiguos griegos sufrían de paperas, lo que les ocasionaba una inflamación dolorosa de las glándulas y mejillas.

En resumidas cuentas, empezaron a surgir las epidemias, que afectaban cada vez a más gente y se propagaban más rápidamente que nunca, y, como no tenían cura, lo mejor que podía hacer la mayoría de la población era esperar a que pasara y rezar.

Aunque le costó miles de años, finalmente la ciencia moderna comenzó a tomar forma, y eso fue hará unos 500 años. Con el tiempo, nos traería remedios cada vez más efectivos, pero el progreso en la lucha contra los virus era dolorosamente lento. El primer microscopio se inventó hace más de 400 años, en 1590, pero para poder ver realmente a los virus tuvimos que esperar hasta 1931, cuando se inventaron los microscopios electrónicos, más potentes. Antes de eso, nadie sabía cómo eran, y apenas se tenía idea de cómo funcionaban.

Actualmente todavía tenemos mucho que aprender sobre ellos; por eso el virus de la COVID-19 sorprendió a casi todos y desencadenó el caos en 2020. Era un nuevo virus y, como tal, se comportó de forma insólita y a menudo impredecible.

Pero al menos los científicos y los médicos ahora saben cómo descifrar los misterios de un nuevo virus. Pueden empezar a hacerse preguntas que nos pueden sonar a algo imposible, del tipo: «¿Cómo podemos asegurarnos de que nadie vuelva a infectarse con este virus?». Encontrar la respuesta podría llevarles años o incluso décadas, pero en el camino siempre aprenderán cosas nuevas y útiles.

Nuestro conocimiento sobre los virus —y sobre qué hacer con los que nos afectan— está mejorando poco a poco y día a día. Lo que significa que es mucho lo que la ciencia puede hacer para ayudar a los humanos a ir un paso por delante de los virus. Primero, podemos intentar…

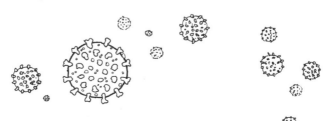

Detener la propagación

Confinamiento al estilo medieval

No es que la gente no tuviera ni idea de cómo se propagaban las enfermedades en el pasado. En la época medieval, si alguien veía que un vecino vomitaba, tenía fiebre y unas pústulas negras en la piel, es probable que mantuviera las distancias igual como lo harías tú hoy en día.

Por cierto, que esos eran los síntomas de una enfermedad que comenzó a arrasar por todas partes en la década de 1340. Se conocía como la peste negra,* y las personas que se infectaban a menudo morían solo tres días después de que esos síntomas empezaran a aparecer.

> ¡Vaya! ¡La peste negra! He oído hablar de ella. ¿No acabó con una tercera parte de la humanidad en una sola pandemia...?

Que no se te ocurran ideas, virus: no hay forma alguna de que puedas provocar tanta destrucción. De todos modos, la peste negra la causaron bacterias, no ninguno de los tuyos.

Cuando la peste negra se extendió por la Europa medieval, cualquiera que viera un edificio marcado con una cruz roja sabía que debía mantenerse alejado. Las casas incluso a veces se tapiaban, aunque solo se sospechara que los residentes tenían la enfermedad. Pueblos enteros podían ser aislados para detener la propagación de la enfermedad.

---

* Ahora a esa enfermedad la llamamos peste bubónica. Incluso hoy va resurgiendo ocasionalmente y causa pequeños brotes, pero hoy día podemos tratarla con antibióticos.

Se trataba básicamente de un distanciamiento social y un confinamiento al estilo medieval: los científicos recomendaron a los gobiernos medidas similares en muchas partes del mundo en 2020.

El distanciamiento social significa no acercarse demasiado a las personas que podrían estar infectadas, mientras que confinarse es quedarse en casa. Hoy sabemos que también es crucial el autoaislamiento, es decir, cuando una persona infectada se mantiene alejada de los demás tan pronto como se da cuenta de que tiene el virus, hasta que ya no es infecciosa. Juntas, estas medidas pueden efectivamente retrasar la propagación de una enfermedad y evitar que los hospitales se vean colapsados. El objetivo es garantizar que cada persona infectada, por lo general, llegue a propagar el virus a menos de una persona. Cuando eso sucede, la tasa de crecimiento de la epidemia (ver pág. 38) se vuelve negativa y empieza a disminuir.

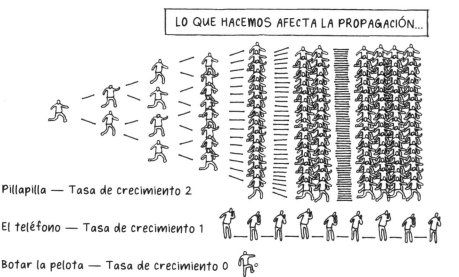

LO QUE HACEMOS AFECTA LA PROPAGACIÓN...

Pillapilla — Tasa de crecimiento 2

El teléfono — Tasa de crecimiento 1

Botar la pelota — Tasa de crecimiento 0

El confinamiento funciona, pero es difícil para gente de todas las edades. Idealmente solo lo necesitaríamos en los casos más extremos. Si podemos determinar exactamente cómo se propaga un virus, debería ser posible frenar la transmisión haciendo cambios más precisos en nuestras vidas. Por ejemplo, si un virus viaja por el aire podemos:

- comprobar si usando mascarilla se le puede detener,
- averiguar si es suficiente mantenerse a un metro de distancia de las personas infectadas, o si realmente es necesario que entre nosotros y el virus haya un muro de separación, o
- descubrir quiénes son los supertransmisores (ver pág. 70) y aconsejarles que se confinen.

En la época medieval, la gente no esperaba llegar a conocer nunca las respuestas a estas preguntas, por lo que es fácil comprender por qué tenía sentido para ellos echar a correr ante los infectados o encerrarlos en sus casas y aldeas. Tampoco nosotros tenemos aún todas las respuestas, pero, gracias a la ciencia, por lo menos sabemos por dónde empezar.

Pruebas y más pruebas

Hasta hace muy poco, a menudo era tan difícil hacer un diagnóstico definitivo de muchas de las enfermedades virales que los pacientes generalmente morían o se recuperaban antes de que los médicos pudieran saber con certeza qué los había hecho enfermar.

Hoy en día, los científicos pueden tomar una pequeña muestra del cuerpo de alguien —en el caso del COVID-19, pasando un bastoncillo por la garganta, o algo de saliva— y analizarlo para determinar la presencia o no de virus. Estas pruebas a menudo hacen uso de reacciones químicas para detectar los genes de los virus. Así como los distintos tipos de alimentos de un supermercado tienen cada uno su código de barras, cada cepa de virus tiene su propio conjunto específico de genes, compuestos de ARN o ADN, que pueden identificarse claramente mediante unas pruebas.

Una vez los médicos saben qué virus ha hecho enfermar a sus pacientes, pueden tomar decisiones mucho mejores sobre cómo tratarlos.

A menudo, las pruebas genéticas pueden detectar un virus en el cuerpo de alguien antes incluso de que este haya empezado a sentirse mal. Eso puede ser extremamente útil para enfermedades como la COVID-19, porque si puede identificarse a los «invisibles» y a los «incubadores» (ver págs. 68-69), se les puede pedir que se mantengan alejados de las demás personas hasta que su período infeccioso haya terminado.

Oye, eso no es justo. Yo pensaba que no había manera de detectarme.

Pues te aguantas, virus. Puedes ser tan invisible como quieras, pero nosotros estamos desarrollando estrategias de todo tipo para llegar a verte.

Podemos usar la información que nos ofrecen pruebas como esta para evitar que cualquiera que trabaje cerca de otras personas, como enfermeras, médicos y cuidadores, propague la enfermedad. En la primavera de 2020, se estimó que hasta una quinta parte de los pacientes hospitalizados por COVID-19 en el Reino Unido contrajeron el virus cuando estaban en el hospital por otro motivo.

Algunas pruebas incluso pueden mostrar si ya has tenido una infección analizando tu sangre para detectar el tipo de anticuerpos (ver pág. 61) que ha generado un virus en particular. Si aparece un tipo u otro de anticuerpos, significa que tu sistema inmunitario ya ha combatido el virus o aún está en plena batalla contra el invasor.

Las pruebas de detección de virus son cada vez más fiables y dejan poco margen a error. También se están volviendo cada vez más ingeniosas. Por ejemplo, los investigadores trabajan en el entrenamiento de perros para detectar a personas infectadas.

Y —ahora tápate la nariz— parece que las personas con COVID-19 pueden presentar fragmentos de los genes del virus en sus excrementos. Así pues, tomar muestras fecales en las aguas residuales de una ciudad para detectar en ellas genes del virus podría ser una forma precisa de ver cuántas personas son portadoras. ¡Posiblemente llegará el día en que tu cepillo de dientes detecte automáticamente la existencia en tu cuerpo de cualquier germen no deseado y te alerte a ti y a tu médico de inmediato!

Esa invención puede tardar en llegar, pero hoy los científicos que conocemos con el nombre de epidemiólogos usan las estadísticas de las pruebas de los virus para realizar cálculos complejos que pueden ayudarnos a predecir:

- cuántas personas tienen probabilidad de pillar un virus,
- dónde es más probable que lo pillen, y
- de quién es más probable que lo pillen.

Al igual que la predicción meteorológica, la predicción viral no siempre la acierta, pero es realmente útil, especialmente para los gobiernos que tratan de tomar decisiones sobre la reapertura de tiendas y cafés o permitir el regreso a las escuelas o al trabajo.

¿Así que soy tan predecible...?

Al principio sí que nos sorprendiste. Pero ahora ya vamos descubriendo tus pequeñas argucias.

Virus que se van por el desagüe

> Nooo, esto irá del jabón y todo el rollo, ¿no?

Pues sí.

Parece como si todo el rato te estuvieran dando la vara —incluso los políticos y los presentadores de los telediarios— para que te laves bien las manos con jabón, ¿no?

Aunque nadie lo diría, en realidad te están haciendo un favor, porque cuando se trata de eliminar a los coronavirus, el jabón de toda la vida supera en eficacia a los geles hidroalcohólicos y a las toallitas desinfectantes.

Debido a que las moléculas de jabón tienen una forma similar a las de los lípidos existentes en la envoltura de la membrana del virus, pueden abrirse paso entre ellos y literalmente disolver el caparazón del virus. Por la misma razón, el jabón también hace un buen trabajo al ser eficaz para eliminar a los virus de tus manos. Pero a nivel microscópico, la piel es extremadamente áspera y arrugada, y hay muchos rincones y grietas en ella para que se escondan los virus, por lo que es importante frotarlas bien durante un mínimo de veinte segundos.

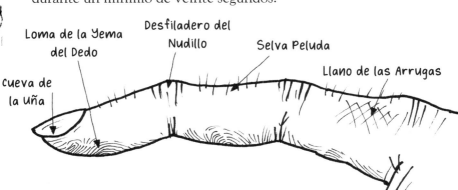

Loma de la Yema del Dedo

Desfiladero del Nudillo

Selva Peluda

Llano de las Arrugas

Cueva de la Uña

Puede que te resulte difícil de creer, pero lavarse las manos posiblemente haya salvado más vidas que cualquier otro invento de la historia de la humanidad.

El doctor Ignaz Semmelweis fue la primera persona en comprender realmente la importancia de lavarse las manos como forma de prevenir la propagación de enfermedades. En la década de 1840, trabajando en la maternidad de un hospital en Austria, le alarmó la cantidad de madres jóvenes a su cargo que contrajeron infecciones de gravedad y murieron. Pero también se dio cuenta de que algunos de sus colegas médicos no se lavaban las manos a la hora del parto después de haber estado manejando cadáveres.* Les propuso que se lavaran bien las manos para ver si así había alguna diferencia.

Los efectos fueron milagrosos. El número de muertes en su sección hospitalaria se desplomó casi al momento, y el descubrimiento de Semmelweis llevó a los científicos a entender que la mayoría de las enfermedades infecciosas son causadas por patógenos microscópicos: virus y bacterias. Desde entonces, a través de habituar a las personas a lavarse las manos de forma regular, el descubrimiento de Semmelweis probablemente haya ayudado a salvar millones o incluso miles de millones de vidas.

Voy a contaros un experimento realizado en la década de 1960 que demuestra por qué lavarse las manos regularmente con jabón es tan importante cuando nos enfrentamos a virus

---

* Las madres cuyos bebés fueron asistidos por comadronas estaban a salvo, porque las comadronas no tocaban cadáveres.

altamente infecciosos, como los que causan la COVID-19, la gripe, la diarrea e incluso el resfriado común.

Un grupo de científicos británicos se puso a investigar cómo se propagan los virus del resfriado. Inventaron un pequeño artilugio que lentamente iba dejando caer líquido de la nariz de uno de los investigadores, a imitación del moco líquido que nos va goteando cuando estamos resfriados. Pero en lugar de virus invisibles, la falsa mucosidad contenía un tinte inapreciable que solo es visible bajo la luz ultravioleta (UV).

Luego, los investigadores invitaron a un grupo de voluntarios al laboratorio para jugar a las cartas. Después del juego, apagaron las luces y encendieron una luz UV. Se sorprendieron cuando vieron hasta dónde había llegado el «moco» mezclado con el tinte. ¡En menos de una hora, estaba por casi todas partes! No se trataba tan solo de las cartas y la mesa, sino que aparecía en los dedos y el rostro de todos los voluntarios desprevenidos, en los interruptores de la luz, las manijas de las puertas, etc.

Cada hora, nos tocamos todos la cara de 20 a 30 veces sin siquiera darnos cuenta. Por lo cual, si no vamos con cuidado, los virus pueden introducirse en nuestro cuerpo con facilidad y propagarse de persona a persona.

Lamentablemente, no podemos prevenir una pandemia solo con jabón. Ante la presencia de un virus altamente infeccioso, siempre habrá quien enfermará, y le quedará la esperanza de que los médicos sepan cómo tratar la dolencia.

Detener los síntomas

Si la garganta, el oído o cualquier otra parte del cuerpo se infecta gravemente con bacterias, el médico generalmente te recetará un tratamiento con antibióticos para curarlo. La mayoría de las veces estos medicamentos funcionan de maravilla, ya que atacan a las bacterias y apenas dañan las células del cuerpo.

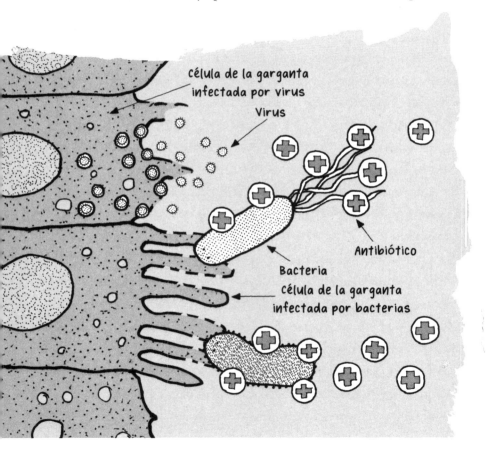

célula de la garganta
infectada por virus

Virus

Antibiótico

Bacteria

célula de la garganta
infectada por bacterias

Fabricar medicamentos que funcionen tan bien contra los virus es muy difícil, en parte porque los virus y las bacterias funcionan de forma muy distinta. Los virus son más pequeños y menos complicados que las bacterias, por lo que las medicinas no tienen mucho donde atacar. Y como los virus funcionan principalmente tomando el control de nuestras células, los medicamentos antivirales pueden librarnos del virus, pero también afectan a nuestras células sanas.

Esto puede ser todo un desafío, pero los científicos ya han tenido algunos éxitos espectaculares. No hace mucho, el sida era una enfermedad mortal. Hoy en día, unos potentes medicamentos llamados antirretrovirales pueden detener el VIH-1, el virus causante de la enfermedad. Como resultado, millones de personas pueden hoy vivir una vida larga y saludable, incluso con el virus en el interior del cuerpo.

Todavía no tenemos una cura para la COVID-19. Pero tan pronto como se descubrió, científicos y médicos de todo el mundo se entregaron a un esfuerzo compartido para probar en el virus miles de compuestos químicos diferentes con el objetivo de ver si algo podría detenerlo o, simplemente, atenuarlo para prevenir los síntomas más amenazadores.

Los científicos creen que también podemos aprender de la forma en que el sistema inmunitario humano trata al virus. Escuchemos esta conversación entre un médico y un paciente que se está recuperando, a ver qué sacamos en claro...

Ahora que se ha recuperado de la COVID-19, su sangre debería estar llena de anticuerpos contra el virus.

Esto... no sé si debo alegrarme de oír eso.

En realidad, es genial. Si limpiamos su sangre y eliminamos cualquier traza de virus sobrante, podríamos inyectarla en un paciente que está luchando por recuperarse.

¡Me gustaría ayudar a otro paciente!

Bueno, en teoría, donar su sangre podría ayudar a dos o tres pacientes a mejorar.

Vaya, me vuelvo a sentir muy débil. ¿No hay otra forma de obtener los anticuerpos?

Bueno, hay científicos que están tratando de fabricarlos, con la ayuda de varios animales. Resulta que las llamas pueden producir unos a los que hemos bautizado como nanoanticuerpos, que detienen los virus que infectan nuestras células. Si todo va según lo planeado, nuestras amigas las llamas pronto podrían estar produciendo montones de anticuerpos bloqueadores de virus para usarlos de medicamento para la COVID-19.

¡Es apasionante!

¡Siempre dispuesta a ayudar!

Por supuesto, aún sería más apasionante si los científicos pudieran evitar que las personas llegaran a enfermar.

Detener al virus

En 1721 se produjo una epidemia de viruela (ver pág. 77) en Inglaterra. Mientras el temible virus perpetraba su temible labor por todo el país, una acaudalada señora, lady Mary Wortley Montagu, dio unos consejos de lo más peculiares. ¡Le dijo a la gente que infectara deliberadamente a sus hijos con el virus! Lo había visto hacer en Turquía, y contagió a sus propios hijos. Lady Mary incluso convenció al rey Jorge I de Inglaterra de que sus nietas, potenciales herederas al trono, recibieran el tratamiento.

De hecho, en China y la India la gente ya hacía mil años que seguía ese procedimiento. Se conoce como inoculación y así es como lo hicieron.

Primero, fueron a buscar a alguien con viruela y le clavaron una aguja en una de sus pústulas cargadas de virus. Luego usaron esa misma aguja para rascar la piel de alguien que no había padecido la enfermedad.

Normalmente, la inoculación causaba una pequeña infección en la piel, que solía ser suficiente para desencadenar una respuesta inmunitaria completa. ¡La persona inoculada terminaba con células B de memoria que producían esos anticuerpos protectores tan importantes y quedaba inmunizada de por vida contra la viruela! ¡Magnífico!

Sin embargo, el proceso era un poco arriesgado. Una pequeña parte de las personas inoculadas acabaron padeciendo la enfermedad en toda su virulencia cuando en principio nunca la
habrían contraído. Más tarde, en el siglo XVIII, un médico inglés
llamado Edward Jenner encontró una forma más segura de ino-
cular a sus pacientes usando un virus muy similar; uno que infecta a las vacas, por lo que es conocida como la viruela bovina,
pero que afecta a las personas solo de manera muy leve.

A Jenner también se le ocurrió la palabra «vacuna». Era su
forma de dar las gracias a las vacas, de donde procede el nombre.
Describe aquello que, una vez introducido en el cuerpo, imita
de modo tan eficaz una infección que nuestro sistema inmunitario se apresura a defendernos de la nueva amenaza. Lo que nuestro sistema inmunitario no sabe es que una vacuna bien diseña-
da no puede hacernos mucho daño. Una vacuna contra un virus
podría estar compuesta de una parte del virus, como la espiga
del virus de la COVID-19, o bien podría ser una versión de todo
el virus debilitada al máximo. Cuando todo va según lo previs-
to, las vacunas estimulan la formación de células de memoria B
y T, lo que nos ofrece inmunidad duradera a un patógeno deter-
minado sin que tengamos que sufrir muchos de los síntomas de
una infección real, si es que llega a presentarse alguno. ¡Una
solución inteligente!

En 1980, después de un esfuerzo internacional masivo para acabar con las últimas epidemias a base de vacunar a la población y bloquear la propagación del virus, el mundo declaró su victoria sobre la viruela. El virus había firmado su acta de defunción.

¡Esa vacuna no puede haber matado a todos los virus de la viruela!

Pues lo consiguió. Barrimos a la viruela de la faz de la Tierra. Y de buena gana haríamos lo mismo contigo.

A decir verdad, algunos laboratorios de alto secreto aún conservan muestras del virus, bajo una estricta seguridad. Y la última persona que murió de viruela fue una joven que contrajo el virus en un laboratorio de investigación británico en 1978.

Vencer a la viruela fue uno de los logros médicos más sorprendentes de todos los tiempos. Actualmente poseemos vacunas contra varias otras enfermedades que afectan tanto a humanos como a animales. Todavía hay algunos virus que se libran de sus garras, pero cada año las vacunas salvan innumerables vidas y evitan un sufrimiento y un dolor incalculables en todas partes del mundo.

Pero producir vacunas seguras y eficaces suele ser un proceso largo. Incluso después de que Jenner hubiera desarrollado una vacuna eficaz contra la viruela, tardamos 200 años en deshacernos de la enfermedad por completo.

Afortunadamente, el proceso es mucho más rápido a día de hoy. No tendremos que esperar 200 años para encontrar una buena vacuna contra el virus de la COVID-19.

Sorprendentemente, una compañía se descargó información sobre los genes del nuevo coronavirus en enero de 2020 y ¡veinticinco días después ya habían desarrollado una vacuna lista para ser probada! Normalmente eso hubiera llevado meses de trabajo. En las semanas siguientes, otros muchos laboratorios idearon sus propios planes ingeniosos para las vacunas de la COVID-19.

Pero si se va a administrar una vacuna a millones o incluso miles de millones de personas, tiene que haber un modo de producir una cantidad realmente masiva de dosis para que todos puedan vacunarse. También debe haber sido probada con mucho cuidado hasta que sepamos que es seguro usarla.

Las cosas fueron diferentes en 1885, cuando el científico francés Louis Pasteur trituró la médula espinal seca de un conejo que había sido infectado con rabia (ver págs. 81-82), y la inyectó en el estómago de un niño de nueve años. Fue una medida desesperada para un momento desesperado: el pobre muchacho había sido mordido gravemente por un perro rabioso y era probable que no tardara en morir. Pasteur no tuvo tiempo de comprobar si este nuevo procedimiento era lo bastante seguro, pero, afortunadamente, el niño se recuperó por completo.

Nadie quiere correr ese tipo de riesgo en estos días. Las vacunas son increíbles, pero incluso cuando están a nuestra disposición, tenemos que estar alerta, porque estos virus causantes de enfermedades disponen de algunas cartas tramposas más en sus microscópicas mangas, como veremos en el próximo capítulo.

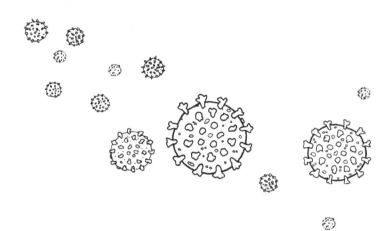

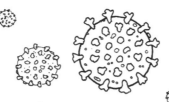

Capítulo siete
De dónde vienen los virus
Y por qué cada vez vendrán más

ÚLTIMAS NOTICIAS: El «nuevo» coronavirus causante de la COVID-19 no es «nuevo» en absoluto. En 2013, mucho antes de que empezara a ocasionar el caos en el mundo, los científicos recolectaron una muestra de excrementos de un murciélago de herradura que vivía en una cueva en la provincia china de Yunnan. Más tarde resultó que la caca de murciélago contenía un virus* muy similar al que está provocando tantos problemas actualmente.

Se sospecha que estos coronavirus han estado viviendo felizmente en los murciélagos de herradura durante cientos o tal vez miles de años, sin causar demasiadas molestias a los propios murciélagos. Los virólogos —así es como llamamos a los biólogos que estudian a los virus— creen que el sistema inmunitario de los murciélagos podría haber hallado una forma de coexistir ambos a la vez, sin que ni el virus ni el murciélago se extinguieran.

Yo no te molesto a ti si tú no me molestas a mí.

Me parece bien.

* El 96 % de la información contenida en sus genes de ARN es idéntica a la del virus de la COVID-19.

Nadie sabe exactamente cómo pasó el virus de la COVID-19 de los murciélagos a los humanos, pero los investigadores creen que el proceso se produjo probablemente en un par de etapas. En la primera, el virus saltó de los murciélagos a otro tipo de animal salvaje: podría haber sido un pangolín, un perro mapache, una civeta o vete tú a saber. Es posible que haya hecho un alto en el camino en cualquier otra especie —a este virus le gusta irse propagando— y desde allí haya pasado a las personas.

Civeta   Perro mapache   Pangolín

Los científicos saben que la versión del virus residente en los murciélagos no puede infectar fácilmente las células humanas, porque la «llave» de sus espigas no encaja muy bien en la «cerradura» de la ECA2 de nuestras células (ver pág. 23). Entonces, algo debe de haber sucedido para cambiar esta situación durante su largo viaje desde las cuevas de los murciélagos hasta las ciudades de los humanos. Antes de que pudiera hacer su brusca entrada en el cuerpo humano, el virus ha tenido que evolucionar.

Cómo cambió el virus sus espigas

La evolución por selección natural es posiblemente la idea de más relevancia en el campo de la biología. Explica por qué algunas especies sobreviven, por qué otras se extinguen y cómo todos los seres vivos pueden cambiar, a menudo dramáticamente, con el tiempo.

Para ver cómo funciona, olvidémonos por un momento de los virus e imaginemos que vives cerca de un bosque. Un día liberas en él a cien escarabajos marrones a rayas y a otros cien de color amarillo y a topos.

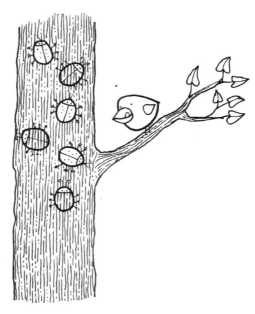

Es más probable que los escarabajos a rayas pasen desapercibidos entre las aves hambrientas y sobrevivan, ¿verdad? Eso es porque pueden camuflarse.

Así, si regresas al bosque al cabo de unos años, una vez que los escarabajos originales se hayan reproducido y hayan originado montones de escarabajos nuevos, probablemente la mayoría de los escarabajos que encontrarás serán a rayas.

Ahora imagina que solo hubieras soltado en el bosque escarabajos amarillos a topos, y que muy ocasionalmente, y totalmente al azar, algunos de esos escarabajos a topos hubieran puesto huevos cuyo resultado fueran escarabajos marrones a rayas. ¿Qué habría pasado en ese caso?

Los pájaros siguen zampándose a los escarabajos a topos

¡Hola, chiquitín!

Los escarabajos a rayas tienen ventaja

Estos escarabajos a rayas han sido objeto de la selección natural.

Los pocos escarabajos a rayas tendrían más probabilidades de sobrevivir, por lo que cada vez habría más escarabajitos a rayas.

Así que, años más tarde, cuando volvieras al bosque, es probable que en los troncos de los árboles vieras principalmente escarabajos a rayas.

Con el tiempo, los escarabajos a topos podrían llegar a desaparecer por completo y la población de escarabajos amarillos a topos habría evolucionado a una población de escarabajos a rayas de color parduzco.

Oye, ya vale de escarabajos, ¿no? Pensé que estábamos aquí para hablar de nosotros, los virus.

En eso estamos. Pero ten un poco de paciencia.

La evolución por selección natural actúa en todos los seres vivos, incluidos los virus. Explica cómo las especies se adaptan a sí mismas para poder sobrevivir e ir tirando, incluso cuando cambian las condiciones de su entorno o deben enfrentarse a nuevos desafíos. Explica por qué las jirafas tienen esos cuellos tan largos para poder llegar a las hojas más altas, por qué los canguros son expertos en dar saltos y por qué nuestros pulgares oponibles son una herramienta excelente para sostener libros como este.

Si cambiamos los escarabajos por los coronavirus del murciélago y el bosque por el cuerpo humano, observaremos el mismo proceso. Si algunos de esos virus lograran penetrar en su interior y solo una pequeña minoría de ellos tuviera una espiga que encajara perfectamente en la ECA2 humana, dispondrían de una gran ventaja en su carrera por la supervivencia. Los demás virus simplemente rebotarían inofensivamente de célula en célula, pero para esos pocos virus que se agarraron con fuerza y consiguieron entrar, se abriría un nuevo mundo de oportunidades.

Pero ¿cómo puede cambiar la espiga del coronavirus de forma tan repentina? ¿Y cómo es posible que algunos virus tengan una espiga que se ajuste perfectamente a la ECA2 mientras que otros no?

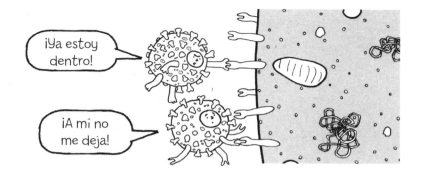

La respuesta está en los genes, esas instrucciones cruciales que usan los virus para crear otros nuevos y que todos los seres vivos necesitan para crecer y funcionar correctamente.

Cada vez que una célula replica un conjunto de genes, existe la posibilidad de que cometa errores. Piensa en alguien que intente teclear una copia exacta de todas las palabras de este libro. Incluso el mecanógrafo más preciso pulsará la tecla incorrecta de vez en cuando.

A veces, esos pequeños errores no cambian demasiado el significado de una oración, pero otras veces un pequeño error puede cambiarlo por completo.

Si te dejas los acentos y pasas de poner los signos de puntuación, puedes convertir un «¡Cómo, un coronavirus!» en «Como un coronavirus», lo que sería preocupante.

Cuando se replican los genes, a los errores que cometen las células los llamamos mutaciones. Por lo general, ocurren al azar, pero también pueden ser provocados por elementos tóxicos o por algún tipo de radiación dañina, como los rayos UV de la luz del sol: de ahí que tengamos que aplicarnos crema solar. Los efectos que producen las mutaciones en la célula, la criatura o el virus que las hereda pueden ser beneficiosos, perjudiciales o no tener ningún tipo de repercusión.

Fíjate, por ejemplo, en el gen del coronavirus que tiene las instrucciones para fabricar las proteínas de espiga. Supongamos que una nueva mutación supusiera que solo se fabrica la mitad de la espiga. Esa mutación sería perjudicial, porque ninguno de los virus que la heredaran podría ir a infectar células. Sería eliminada por selección natural.

Una mutación «beneficiosa» podría ser aquella que facilitara que un virus se adhiriera a las células del huésped, ni que fuera de forma algo más eficaz que la de los demás virus sin esa mutación. Una nueva mutación también podría dar a un virus la capacidad de infectar las células de una especie completamente diferente de huéspedes. Eso podría resultar asimismo una mutación muy «beneficiosa», por lo menos desde el punto de vista del virus, porque si este pudiera introducirse en esa nueva especie huésped, descubriría todo un nuevo universo celular donde propagarse.

Los virólogos son de la opinión que podría haber sido eso lo que le ocurriera a la versión del virus de la COVID-19 que vivía en los murciélagos. Antes de infectar a un solo ser humano, el virus del murciélago podría haber sufrido una serie de mutaciones que simplemente le permitieran adherirse y penetrar en las células humanas. Entonces, cuando el virus se introdujo en el cuerpo humano, la selección natural se habría asegurado de que cualquier virus con todas esas mutaciones funcionara a la perfección. Una vez dentro, el virus probablemente sufrió más mutaciones y continuó evolucionando después de haber empezado a infectar a las personas. Esos cambios lo habrían hecho aún mejor a la hora de invadir nuestras células, evitar nuestro sistema inmunitario y propagarse de una persona a otra.

El derrame

Cuando los virus saltan de una especie a otra, los científicos lo llaman una infección por derrame. Nadie sabe exactamente con qué frecuencia sucede, pero es probable que la mayoría de los derrames de virus desaparezcan con bastante rapidez. Así, las primeras personas que contraen el virus pueden llegar a enfermar, pero luego el virus seguramente se extinguirá porque no habrá evolucionado de forma eficaz para saltar de persona a persona.

Pero a veces la propagación de un nuevo virus a otra especie puede ser la chispa que encienda la llama de una nueva epidemia, como sucedió con el virus de la COVID-19 a finales de 2019.

Probablemente nunca sabremos exactamente cómo y dónde el virus de la COVID-19 apareció originariamente en nuestras vidas, pero existen muchas teorías.

Los mercados ambulantes de las calles de Wuhan, en China, venden todo tipo de animales salvajes que se utilizan como alimento, para aprovechar su piel, para ser usados en la medicina tradicional y, a veces, para tenerlos en casa como mascotas. Ciertos científicos creen que el salto entre especies podría haber ocurrido en uno de estos mercados. Quizá un carnicero se olvidó de lavarse las manos...

O podría haber sucedido en una granja. Uno de los residentes, tal vez un cerdo, podría haber contraído el virus de un animal salvaje. Entonces, el cerdo podría haber tosido ante uno de los trabajadores de la granja...

¿Dónde está tu mascarilla?

Por ahora, solo podemos hacer conjeturas. Pero sabemos que, una vez se abrió camino en el reino humano, el virus aprovechó bien su oportunidad. La carrera había empezado. Éramos nosotros, nuestro sistema inmunitario y la ciencia de los humanos, contra el virus de la COVID-19.

Evolución de alta velocidad

En la mayoría de las especies, la evolución por selección natural es algo que va para largo. A las jirafas les tomó millones de años desarrollar sus largos cuellos, a los canguros tener esas potentes patas saltarinas y a nosotros que evolucionaran esos elegantes pulgares… sin mencionar nuestro temible sistema inmunitario. Muchos de los virus tienen el superpoder de acelerar la evolución. Nuestros genes evolucionan de manera diferente a los de un virus de tres formas principales:

1. Velocidad de crucero

Como vimos en el capítulo 3, los virus pasan de una generación a otra muchísimo más rápido que los humanos. Por lo tanto, los pequeños cambios introducidos por las mutaciones genéticas pueden acumularse rápidamente y dar lugar a cambios espectaculares en la manera como funcionan los virus y en la forma en la que intentan esquivar las defensas de nuestro cuerpo.

2. Atención al detalle

Cuando las células humanas replican sus genes, están atentas a cualquier nueva mutación. Si estuvieran copiando un libro, emplearían a los mejores mecanógrafos profesionales y los equiparían con correctores ortográficos y todo tipo de diccionarios.

Para los virus, copiar genes es más bien como jugar al teléfono. Los jugadores se sientan uno al lado de otro y el primero susurra una palabra o frase a su vecino.

Cada jugador repite al de su izquierda lo que ha oído.

Los jugadores van repitiendo fielmente unos a otros lo que creen haber oído, y el último dice en voz alta lo que le han transmitido. La frase original ha evolucionado.

A menudo el resultado es algo disparatado, pero puede llegar a convertirse en un verso de una hermosa poesía. Suele ser muy divertido.

Pero la evolución del virus no tiene nada de divertido. Aunque la mayoría de las mutaciones sean «perjudiciales» para los virus, puesto que reducen parte de las instrucciones del gen a un sinsentido, eso no es necesariamente un problema para una población de billones. Suponiendo que solo unos pocos virus terminen con esas mutaciones «beneficiosas» que los hacen algo más eficaces, la selección natural se asegurará de que dichos virus se reproduzcan y prosperen rápidamente.

3. Mezcla de genes

Al igual que los perros pueden ser de infinidad de razas pero todos pertenecen a la misma especie, cada especie de virus suele presentarse en varias «cepas» estrechamente relacionadas y específicas. Son sus mutaciones genéticas las que los hacen funcionar de forma ligeramente distinta. Y las cepas virales pueden mezclarse de la misma manera que los perros se pueden cruzar, por ejemplo cuando un golden retriever se cruza con un labrador para obtener un goldador.

A veces, dos cepas diferentes del virus infectan la misma célula.

Los genes de cada cepa se mezclan.

Los nuevos virus heredan una mezcla aleatoria de las características de sus progenitores.

No todos los virus pueden reorganizar sus genes de esta forma, pero los coronavirus y los que causan la gripe parecen ser expertos en el tema. Y, a veces, esta mezcla de genes virales crea una cepa de virus completamente novedosa con nuevas formas de infectar a sus huéspedes y de tomar el control de sus células.

Solucionadores de problemas virales

Debido a que pueden acelerar la evolución, los virus son como dianas móviles, que siempre van cambiando de forma y apareciendo súbitamente para enredar al personal. Probablemente sea esa la razón por la cual un famoso virólogo, el profesor George Klein, dijo una vez en una sala llena de virólogos excepcionalmente brillantes que «incluso el virus más estúpido es más inteligente que el más inteligente de los virólogos».

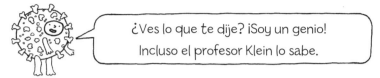

¿Ves lo que te dije? ¡Soy un genio! Incluso el profesor Klein lo sabe.

Sí, pero pensar es algo que precisamente tú no puedes hacer. Eso no es lo que quiso decir con la palabra «inteligente». Lo cierto es que los virus, a la hora de solucionar problemas y maquinar nuevas tácticas, evolucionan tan rápidamente que los hace parecer más inteligentes que nosotros. Y el virus de la COVID-19 ha maniobrado de forma maquiavélica para tratar de alterar o esquivar nuestra respuesta inmunitaria.

Por ejemplo, se cree que el virus tiene una forma de bloquear la producción de interferón, la citoquina que muchas células producen cuando se dan cuenta de que están infectadas por virus (ver pág. 54). Es algo particularmente astuto, ya que el interferón es una de las señales que activa nuestro sistema inmunitario en primer lugar.

La rápida evolución también explica en parte por qué la inmunidad en según qué virus no dura demasiado. Para cuando las células de memoria B y T se encuentren de nuevo con un virus de esos que evolucionan tan rápido, quizá un año o más después de la infección o la vacunación, el virus puede haber cambiado tanto que ni siquiera lo reconozcan como una amenaza. Esa es una de las razones por las que los científicos desarrollan una nueva vacuna contra la gripe cada invierno.

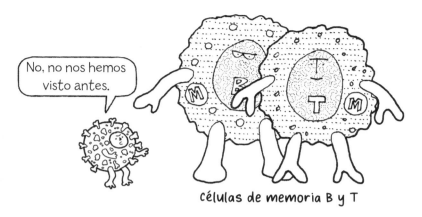

No, no nos hemos visto antes.

células de memoria B y T

Además de mutar rápidamente, los virus de la gripe pueden ir y venir entre las personas y los animales con bastante regularidad. Y cuando regresan después de una nueva ronda de mezcla de genes, pueden comportarse como una cepa completamente nueva. Toda esta evolución acelerada es probable que suene un poco alarmante, y ciertamente hace que sea más difícil diseñar buenos medicamentos y vacunas antivirales. Pero los virus no siempre evolucionan para volverse más peligrosos. Si a un virus le preocupa algo es la supervivencia y la reproducción. Perjudicar el cuerpo del huésped no es su principal ambición, y matar a ese cuerpo seguramente no está en absoluto dentro de sus intereses, ya que eso reducirá las posibilidades de que el virus se propague a otras personas. Es por ese motivo por el que algunos de los virus más «exitosos», los que se reproducen más rápido y se propagan con más facilidad, son los que causan los síntomas más leves. Los virus del resfriado común a menudo funcionan tan bien porque la mayoría de las personas a las que infectan no quedan suficientemente debilitadas como para quedarse en casa. Por el contrario, van haciendo su vida normal e infectando a muchas otras personas por el camino.

Hasta una cuarta parte de los resfriados son causados por coronavirus, y ciertos virólogos creen que algunos de esos virus podrían haber empezado en forma de cepas más letales, que luego evolucionaron para volverse menos peligrosas. Es posible que el virus de la COVID-19 evolucione para transformarse en más leve, pero tampoco deberíamos confiar demasiado en que eso suceda.

En realidad, por el momento, el virus de la COVID-19 no parece estar evolucionando demasiado rápido. Probablemente se deba a que estos coronavirus se preocupan un poco más por replicar sus genes que muchos otros tipos de virus. Una de las proteínas que fabrican ha desarrollado la capacidad de detectar y corregir algunas de las nuevas mutaciones a medida que van apareciendo. Eso son buenas noticias para nosotros. Significa que los científicos tienen la oportunidad de resolver a qué nos enfrentamos antes de que el virus tenga otra idea brillante y cambie nuevamente sus espigas, o sus tácticas.

No podemos detener la evolución de los virus, pero sí podemos esforzarnos para que la infección por derrame sea menos probable o dañina. Y eso es importante porque la repentina aparición del virus de la COVID-19 nos ha recordado que, allí en el bosque, siempre hay un virus buscando la oportunidad de saltarnos encima cual bandido microscópico y probar suerte contra nosotros.

No provoques a los virus

Los científicos estiman que podría haber hasta 800.000 especies de virus al acecho en los bosques, pantanos, cuevas y sabanas del mundo con el potencial suficiente para saltar de especie e infectar a los humanos. Trabajar para mantener a raya a esos virus dentro de los límites de los espacios naturales debería ser una gran prioridad para todos, porque por muy malo que sea el virus de la COVID-19, el próximo nuevo virus podría ser peor.

Afortunadamente, las infecciones por derrame siguen siendo raras, pero a ciertos virólogos les preocupa que estén ocurriendo con más frecuencia hoy que en el pasado. ¿Y de quién es la culpa? Desde luego, los científicos no culpan de ello a los pobres murciélagos. Culpan a los humanos.

No hay una sola persona o país responsable. Gracias a la evolución de nuestros grandes cerebros, nuestros hábiles pulgares y nuestro ingenioso sistema inmunitario, los humanos han resultado ser una especie increíblemente exitosa. Existen más personas vivas ahora que nunca, y en muchas partes del mundo la gente vive cada vez mejor. En ciertos aspectos, esto es genial: hay menos personas que pasan hambre, más que tienen trabajo, más niños que van a la escuela y, cada año, tenemos más acceso a la atención médica.

Pero también significa que la gente necesita más de todo: más alimentos, más dinero, más camisetas, más automóviles, más casas, más teléfonos inteligentes, etc. Cortamos árboles para obtener madera, desbrozamos el terreno para fines agríco-

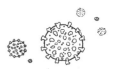

las, excavamos en busca de petróleo y minerales. Construimos nuevas carreteras que atraviesan la selva virgen. Secamos pantanos y talamos bosques para construir urbanizaciones. Las explotaciones agrarias son cada vez más extensas.

Nada de todo eso es solo «beneficioso» o «perjudicial». El caso es que, debido a que dominamos toda la Tierra, millones de personas están entrando en contacto de forma habitual con millones de otros animales no humanos, y cada uno de esos animales puede ser portador de cantidad de virus distintos. Y, como sabemos, todo lo que se necesita para que se produzca una infección por derrame es una salpicadura de sangre, un estornudo inesperado o la picadura de un insecto.

Suena espeluznante, pero puedes seguir respirando y leyendo, porque en realidad es mucho lo que podemos hacer para que las infecciones por derrame sean menos comunes y para reducir enormemente las posibilidades de que desencadenen pandemias mortales en cuanto sucedan. Podemos:

1. Reducir el despilfarro de recursos de la Tierra. Más reciclaje, más reutilización, más mantenimiento, más energías renovables e incluso más vegetarianismo, todo podría ayudar: todo eso significaría menos necesidad de que las personas se rocen con los virus de la naturaleza salvaje.

2. Proteger los espacios naturales que aún quedan en la Tierra. Menos caza, tala de bosques y construcción de carreteras no solo reduciría el riesgo de infección por derrame, sino que también ayudaría a combatir la extinción de todo tipo de especies al mismo tiempo que beneficiaría el clima.

3. Ir a la caza del virus. Los investigadores encontraron el nuevo coronavirus en 2013 porque en realidad estaban buscando nuevos virus. Con muestras de excrementos o sangre de animales, los cazadores de virus pueden investigar los genes virales en sus laboratorios. Así, pueden leer la información que contienen esos genes para identificar los diferentes virus presentes. Si no sabemos qué virus existen, no tenemos forma de saber cuáles podrían saltar a nuestro mundo próximamente.

4. Descubrir cómo funcionan los virus de la naturaleza. De esa manera, los virólogos pueden predecir de cuáles debemos preocuparnos, es decir, cuáles son los que tienen más probabilidades de infectarnos y causar epidemias.

5. Diseñar nuestras propias defensas antes de que se produzcan las infecciones por derrame. Así los investigadores podrían estar ocupados planificando pruebas para identificar nuevas infecciones virales e incluso ingeniando vacunas y medicamentos contra ellas para que, cuando aparezca el próximo virus, estemos preparados.

6. Detectar y detener las infecciones por derrame. Cazadores, madereros, mineros, granjeros, comerciantes de mercados ambulantes y cualquier otra persona que pase cierto tiempo en la naturaleza o en contacto con animales podría ser de gran ayuda extremando la higiene e informando enseguida de cualquier enfermedad rara.

Algunas de esas medidas ya se están produciendo y todas son algo totalmente alcanzable. Pero tendríamos que estar haciendo mucho más. No hay otra forma de cortar de raíz las infecciones por derrame antes de que empiecen a causar estragos.

Existe una gran cantidad de virus, y en realidad no son todos malos, tal como veremos en el próximo capítulo.

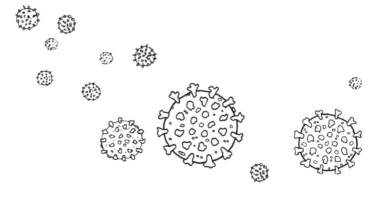

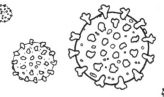

Capítulo ocho

Un mundo de virus

Ahora conocerás a algunos de los buenos

Imagina que alguien te dice que tu cuerpo está plagado de virus. ¿Qué pasaría si, justo en ese momento, cada célula de tu cuerpo fuera superada por los virus como mínimo por doce a uno? ¿Qué harías?

- ¿Ir corriendo al médico?
- ¿Sumergirte en una bañera gigante llena de desinfectante industrial?

No hay por qué preocuparse, aunque lo que hemos dicho más arriba es cierto. Y es perfectamente normal.

Incluso cuando nuestra salud es excelente, hay cientos de billones de virus en el interior de tu cuerpo, encima de ti y a tu alrededor en todo momento. La mayoría de estos virus pueden llegar a ser asesinos mortales, pero, afortunadamente, casi ninguno de ellos puede infectar tus células o hacerte daño.

Lo creas o no, muchos de los virus que tienes en tu interior son beneficiosos para ti. No solo eso, sino que tu cuerpo les da la bienvenida en cuanto los ve acercarse.

Fíjate en las mucosidades que tienes en la nariz, por ejemplo: ¡a los virus les encantan! Aunque los mocos se encargan de atrapar a gérmenes indeseados para evitar que entren en tu sistema (ver pág. 41), hay todo un conjunto de virus que viven encantados de la vida en tu nariz. Se adhieren firmemente a la mucosidad, porque los protege. Y, a cambio, estos virus ayudan a protegerte a ti.

¿Cómo lo hacen? Atacando a las bacterias. Hay todo tipo de bacterias que pueden provocar infecciones y enfermedades realmente desagradables en los humanos, y tu cuerpo parece utilizar a estos virus para defenderse de ellas.

Sí, las bacterias también pueden caer enfermas. De hecho, los virus que infectan a las bacterias son mucho más comunes que todos los que causan enfermedades en el conjunto de animales y plantas. Los biólogos los llaman bacteriófagos —«fagos» para los amigos— y existen millones de especies diferentes.

Los fagos se toman muy en serio su cometido criminal. Cuando infectan a una bacteria, a menudo producen tantos nuevos fagos que la célula bacteriana queda literalmente hecha pedazos, lo cual es una gran noticia para ti, porque ayuda a prevenir o eliminar las infecciones bacterianas.

En realidad, tu cuerpo aprecia tanto a los fagos que no solo los anima a pasar el rato en la nariz; los tienes por todas partes. Los virólogos sospechan que hay un gran número de ellos al acecho en las delgadas capas de mucosidad que recubren todas las superficies internas del cuerpo, incluida la boca, la tráquea, los pulmones y el tracto urinario (por donde sale la orina). Existen cantidades aún mayores de fagos en el interior del sistema digestivo.

Es una guerra biológica sin cuartel: tu cuerpo recluta a estos virus y los usa como un escudo letal que puede matar a las bacterias que se acercan demasiado. Por lo que los dichosos fagos, en realidad, forman parte de tu sistema inmunitario.

¡Traidor! ¡Yo que creía que esto iba de virus contra humanos...!

Se trata de una estrategia bastante eficaz, pero tu cuerpo debe mantener a su ejército de fagos bajo una estricta vigilancia. Ni en el peor de tus sueños no querrías que eliminaran a todas las bacterias del cuerpo porque, igual que pasa con los virus, algunas bacterias nos son muy útiles.

- Las bacterias de nuestros intestinos nos ayudan a digerir los alimentos; sin su colaboración, la mayoría de las frutas y verduras que comemos pasarían directamente por el conducto llevándose sus nutrientes con ellas.

- Las bacterias producen vitaminas y otras sustancias químicas que el cuerpo necesita con urgencia, pero que no puede producir por sí mismo.

- Finalmente, las bacterias del sistema digestivo ayudan a mantener el sistema inmunitario, e incluso el cerebro, funcionando a su máximo potencial.

Por todo ello, una masacre de todas las bacterias sería una pésima idea. Es por eso por lo que el cuerpo parece producir mucosidad de forma que resulte atractiva para el tipo de fagos que destruyen a las bacterias peligrosas: es una forma de invitar a estos virus a residir en su interior. Así, pues, lejos de ser nuestros enemigos, los virus que luchan contra las bacterias son amigos nuestros.

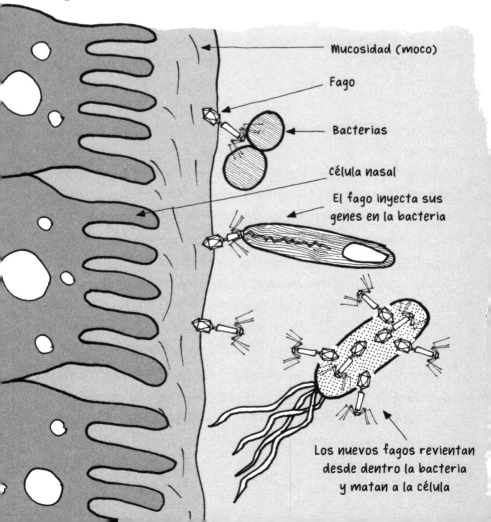

Mucosidad (moco)

Fago

Bacterias

Célula nasal

El fago inyecta sus genes en la bacteria

Los nuevos fagos revientan desde dentro la bacteria y matan a la célula

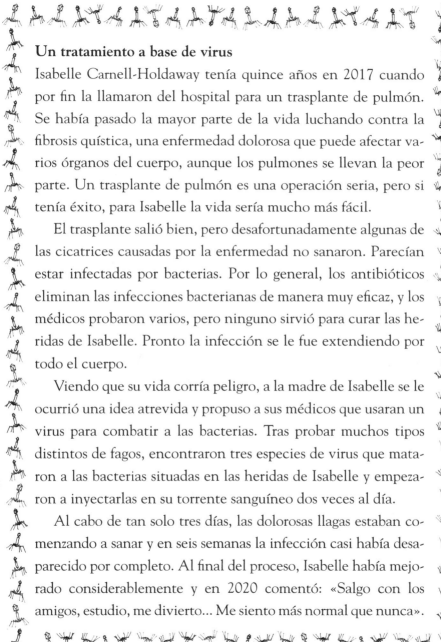

Un tratamiento a base de virus

Isabelle Carnell-Holdaway tenía quince años en 2017 cuando por fin la llamaron del hospital para un trasplante de pulmón. Se había pasado la mayor parte de la vida luchando contra la fibrosis quística, una enfermedad dolorosa que puede afectar varios órganos del cuerpo, aunque los pulmones se llevan la peor parte. Un trasplante de pulmón es una operación seria, pero si tenía éxito, para Isabelle la vida sería mucho más fácil.

El trasplante salió bien, pero desafortunadamente algunas de las cicatrices causadas por la enfermedad no sanaron. Parecían estar infectadas por bacterias. Por lo general, los antibióticos eliminan las infecciones bacterianas de manera muy eficaz, y los médicos probaron varios, pero ninguno sirvió para curar las heridas de Isabelle. Pronto la infección se le fue extendiendo por todo el cuerpo.

Viendo que su vida corría peligro, a la madre de Isabelle se le ocurrió una idea atrevida y propuso a sus médicos que usaran un virus para combatir a las bacterias. Tras probar muchos tipos distintos de fagos, encontraron tres especies de virus que mataron a las bacterias situadas en las heridas de Isabelle y empezaron a inyectarlas en su torrente sanguíneo dos veces al día.

Al cabo de tan solo tres días, las dolorosas llagas estaban comenzando a sanar y en seis semanas la infección casi había desaparecido por completo. Al final del proceso, Isabelle había mejorado considerablemente y en 2020 comentó: «Salgo con los amigos, estudio, me divierto... Me siento más normal que nunca».

La infección de Isabelle era resistente a los antibióticos, los medicamentos con los que se suelen tratar las infecciones causadas por bacterias. Los antibióticos estuvieron disponibles por primera vez hace menos de un siglo, pero en todo ese tiempo probablemente han salvado más vidas que cualquier otro tipo de medicamento. Sin embargo, las infecciones resistentes a los antibióticos afectan a más personas cada año, y algunas de ellas resultan imposibles de tratar. Este es un gran problema para todos. Sin antibióticos eficaces, es posible que incluso una herida menor, como el pequeño rasguño que nos hayamos hecho con la espina de una rosa, pueda infectarse con un tipo de bacterias resistentes y convertirse en una enfermedad mortal.

Los investigadores están buscando desesperadamente nuevas formas de lidiar con estos peligrosos microorganismos, por lo que la noticia de que la terapia de Isabelle basada en los virus pareciera funcionar fue un gran bombazo. Los científicos todavía tienen mucho trabajo por delante para demostrar que los fagos son eficaces y seguros, pero como pueden identificar y destruir sus objetivos bacterianos con una precisión similar a la del láser, se espera que algún día los fagos puedan ayudar a resolver el problema de la resistencia a los antibióticos.

Virus que son fuente de vida

Los virus están en este planeta desde muchísimo antes que los humanos. Es muy posible que hayan existido desde hace tanto tiempo como la vida misma y pueden infectar las células de prácticamente cualquier especie que se te ocurra, desde los cerdos hormigueros hasta los caimanes, desde las setas hasta las urracas y desde los tulipanes hasta las tarántulas. Dondequiera que la vida exista, los virus allí estarán.

Hasta hace muy poco, la mayoría de los biólogos no creían que el agua del mar albergara demasiados virus. Pero cuando realmente empezaron a investigar, se llevaron una buena sorpresa. Si llenas una cucharadita cerca de la superficie de cualquier océano, probablemente contendrá hasta 100 millones de virus. Así que, cada vez que nades en el mar, ¡probablemente tragarás tantos virus como personas viven en los Estados Unidos!

Y si vas sumando todas esas cucharadas de agua cargadas de virus, rápidamente te darás cuenta de que los mares del mundo contienen una cantidad astronómica. En realidad, «astronómica» no es la mejor palabra en este caso, porque hay cien veces más virus en los océanos que estrellas en todo el universo. Las últimas estimaciones dicen que existen aproximadamente:

4.000.000.000.000.000.000.000.000.000.000

(es decir 4 seguido de 30 ceros, que es un número tan asombrosamente grande que los matemáticos le dan un nombre asombrosamente estúpido: cuatro quintillones).

¿Qué hacen todos esos virus durante todo el día? Básicamente, matar a montones de bacterias y otros microorganismos unicelulares que viven en los mares. Estos microorganismos no virales hacen todo tipo de cosas para ayudar a que los océanos funcionen correctamente: captan la energía del sol, descomponen los residuos y son el alimento favorito de todo tipo de formas de vida marina mayores que ellos. Tales microorganismos son también extremadamente abundantes. Si te pusieras a pesar todo lo que vive en los océanos, el peso combinado de todos los microorganismos unicelulares sería tres veces mayor que el de todos los seres vivos más grandes y visibles a simple vista: el conjunto de peces, ballenas, delfines, medusas, algas y todo lo demás que pulula por el océano.

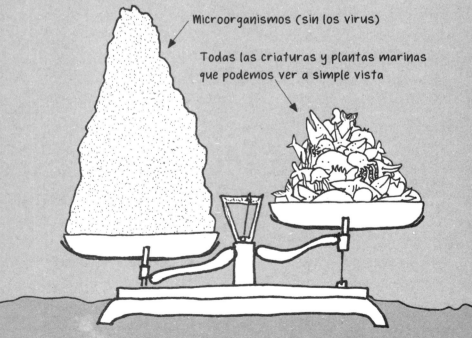

Microorganismos (sin los virus)

Todas las criaturas y plantas marinas que podemos ver a simple vista

Eso es una cantidad espantosa de microorganismos. Los virus no pesan tanto, pero hay aún más. Y a causa de todos esos virus, se cree que cada segundo mueren en el océano 1 billón de billones de bacterias. En total, cada día los virus matan del 20 al 40 % de todos los microorganismos no virales más grandes del océano.

Si fueras uno de esos microbios, no estarías nada entusiasmado ante este panorama, ¿verdad? Sin embargo, los biólogos piensan que toda esa matanza es muy beneficiosa para la mayoría de las especies marinas y, de hecho, para todo el planeta.

He ahí el porqué:

1. **Los virus aumentan enormemente la variedad de formas de vida que pueblan los océanos.** Sin los virus, los microbios crecerían hasta absorber todos los nutrientes de los mares. Entonces los microorganismos morirían de hambre, y también todo lo demás. Así, lo que realmente sucede cuando una población de microorganismos en particular crece más de lo debido es que los virus infectan y matan sus células. Eso obliga a la población de microorganismos a mantener un nivel más manejable y da a todos los demás tipos de vida oceánica la oportunidad de crecer también. Además, los constantes ataques de los virus dejan una especie de sopa de microbios muertos y heridos en suspensión, que actúa como fertilizante para acelerar el creci-

miento de otro tipo de microorganismos oceánicos. Esas pequeñas criaturas luego proporcionarán una sabrosa e interminable fuente de alimento a peces, corales, ballenas y muchos otros organismos. El resultado final es una vida marina vibrante y diversa (ver págs. 136-137).

2. Los virus ayudan a producir el oxígeno que respiramos. Casi toda la vida sobre la Tierra depende de una reacción química de la que quizá hayas oído hablar: la fotosíntesis. Este proceso ocurre cuando las estructuras y las sustancias químicas especializadas de las plantas, algas y bacterias utilizan la energía de la luz del sol para transformar el agua y el dióxido de carbono en azúcares y carbohidratos ricos en energía; en otras palabras, en alimento. Esa reacción da como resultado un subproducto de vital importancia: el oxígeno. Estaríamos apañados sin él.

¿Sabías que más de la mitad de los procesos de fotosíntesis del planeta tiene lugar en los océanos? Gran parte de culpa la tienen un tipo especial de bacterias llamadas cianobacterias. Algunas de las cianobacterias más comunes solo pueden realizar la fotosíntesis cuando han sido infectadas por un virus en particular. Sin los genes cruciales de los virus, estas cianobacterias no pueden captar la luz del sol. El virus se beneficia de ello, porque le asegura que su huésped tenga la energía suficiente como para producir nuevos virus, pero también nos beneficiamos todos del oxígeno adicional que las cianobacterias acaban produciendo. ¡De hecho, tendrías que agradecer a esos virus por lo menos una de cada diez bocanadas de aire que llevas a tus pulmones! (ver págs. 136-137).

3. Los virus ralentizan el calentamiento global. Muchos de los microorganismos marinos de mayor tamaño, como las algas y el plancton,* rodean sus células con resistentes capas en forma de concha con las que se protegen. Para fabricar esas conchas necesitan carbono, y todo ese carbono proviene originariamente del dióxido de carbono, un gas que se absorbe de la atmósfera durante la fotosíntesis. Cuando los virus matan a esos microorganismos, sus diminutas conchas pueden hundirse directamente en el fondo oceánico, llevando consigo el carbono del que están hechos. Aunque los microorganismos hundidos son realmente minúsculos, mueren en cantidades tan desorbitantes que es como si enterráramos miles de millones de toneladas de dióxido de carbono en el lecho marino. Los científicos creen que este proceso absorbe una parte significativa del dióxido de carbono que producimos los humanos cada año al quemar combustibles fósiles en automóviles, camiones, barcos, aviones, fábricas y centrales eléctricas (ver págs. 136-137).

* Se denomina plancton a la vida microscópica que flota en el agua del mar, e incluye diminutas plantas y algas que realizan la fotosíntesis y animales minúsculos, así como todas las bacterias y los virus.

conchas de microorganismos muertos

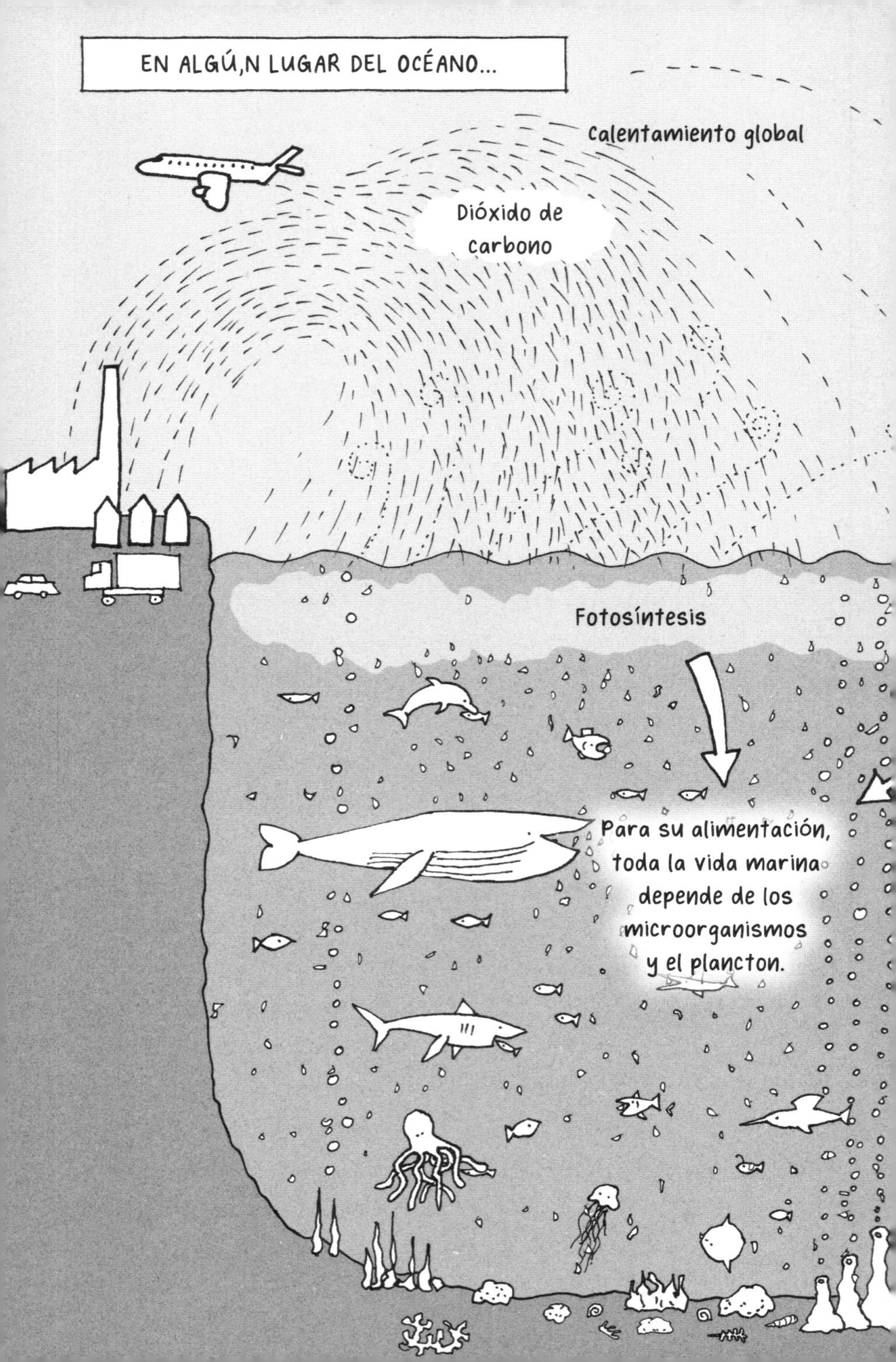
EN ALGÚ,N LUGAR DEL OCÉANO...
Calentamiento global
Dióxido de carbono
Fotosíntesis
Para su alimentación, toda la vida marina depende de los microorganismos y el plancton.

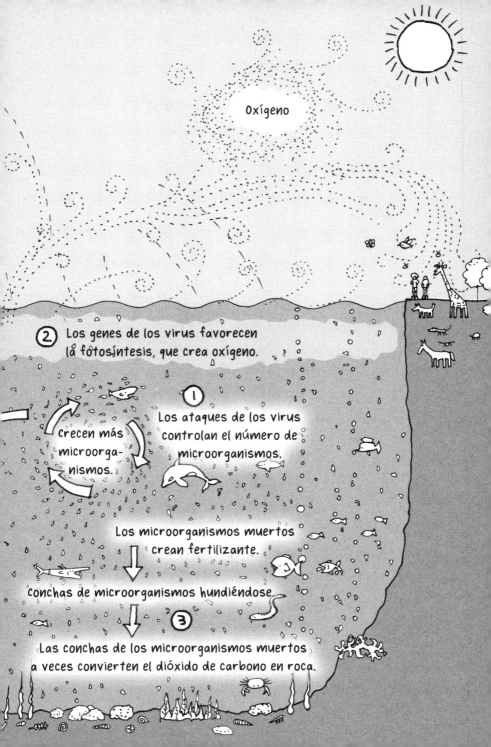

Oxígeno

② Los genes de los virus favorecen
la fotosíntesis, que crea oxígeno.

① Los ataques de los virus
controlan el número de
microorganismos.

Crecen más
microorga-
nismos.

Los microorganismos muertos
crean fertilizante.

conchas de microorganismos hundiéndose.

③

Las conchas de los microorganismos muertos
a veces convierten el dióxido de carbono en roca.

Sin los virus, la crisis climática probablemente iría a peor de forma mucho más rápida. Algunos investigadores incluso se plantean si sería posible darles un empujón a esos virus para que ayuden a evitar que el planeta se caliente peligrosamente.

En resumen, si no fuera por todos los virus del mar, la Tierra pronto empezaría a sobrecalentarse, a quedarse sin oxígeno y, esto... a morir.

Los virus también tienen un impacto enorme, y a menudo positivo, en la vida en tierra firme. Por ejemplo, en el suelo de la corteza terrestre existen en cantidades increíblemente asombrosas. Actualmente ignoramos sobre estos mucho más de lo que sabemos sobre los virus oceánicos recién descubiertos, pero casi con toda seguridad ayudan a crear y mantener el suelo terrestre. Eso significa que tendríamos que dar las gracias a los virus por casi todo el oxígeno que respiramos, ya que casi todas las plantas de la Tierra necesitan tierra para crecer.

Por lo que respecta a los virus, tal vez sea esta la mejor paradoja de todas: sin la muerte y la destrucción que causan, la vida en su conjunto no podría florecer con una diversidad tan increíble.

Así que, señores activistas contra los virus, por favor háganles una reverencia.

No se merecen...

Menos humos, coronavirus, tú no tienes ningún aspecto positivo.

Los virus que hacen que tú seas tú (y las ovejas, ovejas)

Si lo de dar las gracias a los virus asesinos por la existencia continuada de la vida en la tierra y el mar ya te puede sonar raro, lo que viene ahora te sonará a marciano.

Prepárate, porque los dos párrafos que vienen a continuación pueden sentarte como si te dieran un bofetón.

En primer lugar, tu cuerpo no solo está lleno de virus, sino que tú mismo eres en parte virus. Aproximadamente el 9 % del ADN de cada una de tus células es en realidad ADN de virus. (No solo tú en particular, ¡es algo que nos afecta a todos!)

Y, en segundo lugar, si un virus no hubiera infectado a uno de tus antepasados hace millones de años, nunca habrías nacido.

Estas dos afirmaciones están vinculadas, pero analicémoslas una a una.

Casi todo el ADN viral que se encuentra en tus células lo dejó allí hace muchísimo tiempo un grupo de virus llamados retrovirus. Cuando un retrovirus infecta una célula, hace una copia de sus genes y los inserta en el ADN de la célula huésped, mezclándolos con los genes de esta. En cuanto esto sucede, los genes virales suelen permanecer allí para siempre, lo que significa que a menudo se transmiten de una generación de organismos a la siguiente. Los retrovirus infectan células desde hace casi 500 millones de años (mucho antes de que, hace 65 millones de años, se extinguieran los dinosaurios). Los seres humanos tardaron millones de años en evolucionar y durante ese tiempo

los retrovirus infectaron tantas veces a nuestros lejanos antece-
sores prehumanos que los científicos pueden hoy identificar alrededor de 100.000 fragmentos diferentes de nuestro ADN que
originalmente provienen de los retrovirus. ¡Casi una décima
parte de tu ADN es, en realidad, la reliquia que dejaron las infecciones virales pasadas!

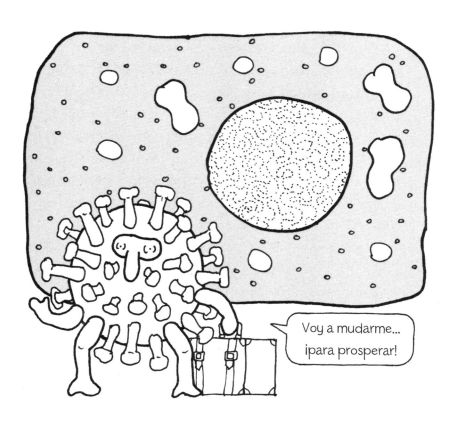

Esto nos lleva al segundo punto. Aunque casi todos los genes retrovirales de nuestro ADN han perdido la capacidad de ponerse a producir nuevos virus, algunos de ellos sí que pueden producir aún proteínas (las laboriosas moléculas que todas las formas de vida necesitan, ver pág. 30). En ocasiones, esas proteínas derivadas del virus son bastante útiles para la célula huésped. Hay una en particular que es totalmente crucial para fabricar la placenta que te unía a ti y a tu madre cuando estabas en su útero.

En realidad, si no fuera por ese imprescindible gen retroviral, es posible que la placenta no hubiera llegado a evolucionar. Y si eso no hubiera sucedido, casi no habría mamíferos en nuestro mundo. Lo que significa que no existirían ni los osos hormigueros, ni los babuinos, ni los gatos, ni los perros, ni los elefantes, ni los perezosos de tres dedos, ni las ballenas azules, ni las ovejas... ni tú.*

 No sé qué decir. Me siento un poco abrumado al saber que los virus hemos hecho tanto por ti.

Ni se te ocurra atribuirte el mérito en absoluto, coronavirus. Porque nada de eso ocurrió gracias a ti.

* Los ornitorrincos y los equidnas estarían tan tranquilos ya que ponen huevos, por lo que sus embriones no necesitan placenta.

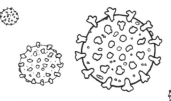

Capítulo nueve

Colorín, colorado
Aprendiendo a vivir con los virus, buenos y malos

Se mire como se mire, los virus son una cosa rara. La mayoría de los biólogos ni siquiera se ponen de acuerdo en si están vivos o muertos.

Hay quienes argumentan que los virus son demasiado pequeños y simples para ser considerados un ser vivo puro y duro. Señalan que, cuando se encuentran fuera de las células, los virus no pueden hacer nada en absoluto. No parecen estar más vivos que un cristal de sal. Y, como sabemos, sus cuerpos son aún menos complejos que los de las células vivas más sencillitas. Como dijo una vez el famoso biólogo sir Peter Medawar, un virus no es más que «una mala noticia envuelta en proteína».

> ¿«Envuelto en proteína»? Puede que haya ganado un Nobel, sir Peter, pero se olvida del lípido de mi envoltura. Los virus no somos tan simples como usted cree.

Has dado en el clavo, coronavirus. Y cada vez que los científicos creen que os tienen bajo control, tenéis la mala costumbre de darnos una nueva sorpresa. Ahora le da a un virus por mutar y cambiar de forma, y mañana aparece uno nuevo, como de la nada, y empieza a romper todos los esquemas.

Te presento a los virus gigantes

En 2019, los investigadores se tropezaron con un nuevo tipo de fagos —los virus que infectan a las bacterias— radicalmente distintos. Los encontraron acechando por todas partes: en los ríos, en la tierra, en las aguas termales, en el fondo de los pozos de las minas, incluso en la boca de las personas y en sus excrementos.

Lo primero que sorprende de estos nuevos virus es su tamaño: son diez veces más grandes que los demás fagos que viven en el interior de nuestros cuerpos. (Sí, ya sé que lo de gigante es una exageración: el mayor de estos monstruos es diez veces más pequeño que uno de tus glóbulos rojos.)

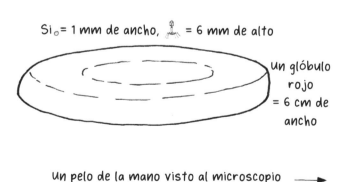

Si ○ = 1 mm de ancho, 🦠 = 6 mm de alto

Un glóbulo rojo = 6 cm de ancho

Un pelo de la mano visto al microscopio ⟶ = 15 cm de ancho

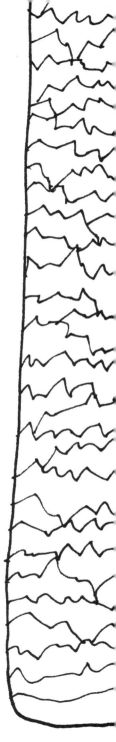

Estos enormes fagos también contienen una gran cantidad de genes, no tantos como los 20.000 que poseen nuestras células, pero entre 20 y 30 veces más que los del virus de la COVID-19. Y usan esos genes para hacer cosas extraordinarias e inesperadas.

Como si de unos pequeños ingenieros se tratara, reajustan la maquinaria de las células que han infectado, cortando de un tijeretazo fragmentos del ADN del huésped y reprogramando la célula para que haga exactamente lo que desea el fago. Estos fagos gigantes son todos unos maestros en el arte del control celular.

Y, lo más sorprendente: ¡estos virus vienen equipados con su propia versión de sistema inmunitario! Si cualquier otro virus se atreve a irrumpir en la misma célula huésped e intentar compartirla, estos fagos gigantes los ven venir y despliegan moléculas que actúan como minúsculas tijeras que utilizan como arma de ataque. El virus rival pronto descubrirá que sus preciosos genes han sido cortados en pequeños e inútiles pedazos.

Hace apenas unos años nadie hubiera imaginado que un virus pudiera hacer algo tan sofisticado. Así pues, ¿tiene algún sentido decir que los virus son una cosa tan simple? Pues no demasiado…

El otro argumento principal que utilizan los científicos para sugerir que los virus no pueden considerarse seres vivos es que actúan siempre como unos parásitos. Para tener vida propia, dicen, uno debe ser autosuficiente y tener la capacidad de reproducirse por sí mismo. Tiene que ser una forma de vida independiente.

Pues bien, es hora de que presente a un virus gigante aún mayor, el megavirus, que también es rela-tivamente nuevo para la ciencia. A estos tipos les gusta infectar amebas* en vez de bacterias. Aún necesitan la ayuda de esa célula para reproducirse, pero estos virus parecen hacer bastante más que la

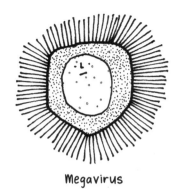

Megavirus

tarea habitual de replicar y fabricar nuevos virus a costa del huésped. Cuando infectan una ameba, construyen en su interior una estructura complicada llamada viroplasma, una fábrica de virus en la que por un extremo entran las materias primas y por el otro emergen los nuevos genes y proteínas virales. Es, como si dijéramos, una célula dentro de otra.

Y al igual que los fagos que acabamos de conocer, estos virus gigantes han desarrollado una especie similar de sistema inmunitario. Lo sorprendente es que lo utilizan para defenderse de los virus más pequeños que quieren tomar el mando de la fábrica de virus del gigante. Por descabellado que pueda parecer, ya ves que incluso los virus pueden infectarse con virus...

Así que es muy posible que, ahora mismo, en las tripas de alguien haya unos virus infectando a otros virus que infectan a unas amebas de las que infectan a los humanos...

---

* Las amebas son organismos unicelulares que se desplazan y atrapan el alimento proyectando unas protuberancias en forma de dedo en su membrana externa. Algunas viven de forma parasitaria en el intestino de los animales.

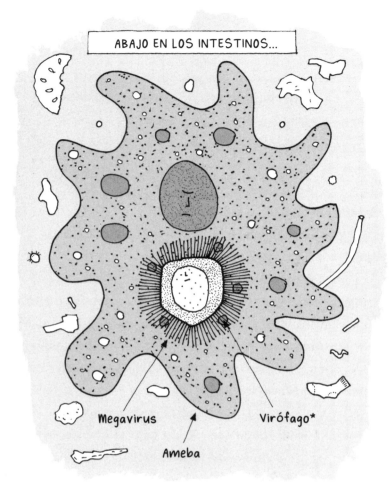

ABAJO EN LOS INTESTINOS...

Megavirus

Virófago*

Ameba

Es un poco como un rompecabezas en el que habría un parásito dependiente de un parásito dependiente de otro parásito
que a su vez depende de una persona. ¿Significa eso que algunas
de estas criaturas microscópicas están más vivas que otras? ¿Tiene sentido alguno considerar que cualquiera de ellas son formas
de vida verdaderamente independientes?

---

* Los virófagos son pequeños virus que solo pueden reproducirse cuando su célula
huésped está infectada por un virus más grande.

¡Oye, tampoco es que vosotros seáis formas de vida totalmente independientes! No durariais demasiado sin todas esas plantas y animales que no paráis de llevaros a la boca, ¿no te parece?

Ahí me has pillado, virus. Los humanos dependemos de todo tipo de seres vivos. Sin embargo, podría jurar que estamos vivos...

Pero, en cuanto a los virus, ¿quién sabe? Quizá sea otro de tus diabólicos acertijos.

¿Podrían los virus estar vivos y muertos al mismo tiempo: sin vida cuando están fuera de la célula, pero totalmente vivos cuando irrumpen en ella y empiezan a reproducirse? ¿O tal vez ocupan una misteriosa zona fronteriza entre la vida y la no vida?

Al final, decidir dónde trazar la línea divisoria entre seres vivos y no vivos —o inertes— puede ser algo muy elástico. Pero algo en lo que estamos todos de acuerdo es que los virus son una realidad de la vida, y también parte de la vida. Los virus están en todas partes y en todo momento; algunos son amigos nuestros, otros son enemigos declarados. Y como no podemos evitarlos por completo, y es clarísimo que no podemos destruirlos a todos, tal vez necesitemos encontrar una manera de convivir con ellos sin darles constantemente nuevas oportunidades de lastimarnos.

Los virus son como los fenómenos atmosféricos

Desde que el virus de la COVID-19 irrumpió en nuestro mundo y se propagó de forma descontrolada, mucha gente se siente desdichada, confusa y, a veces, hasta indignada. La gente habla de luchar contra los virus e incluso de librarles la guerra, y es fácil entender por qué, dado el dolor y la perturbación que causan.

Pero declarar la guerra a los virus sería algo así como declarársela a los fenómenos asociados al clima. Podemos y debemos protegernos y luchar contra los brotes específicos y las pandemias, así como debemos hacer todo lo posible para defendernos de los tifones, los aguaceros y las ventiscas. Pero en cuanto se ha desatado la tormenta, nadie tiene el poder de detenerla.

Por otro lado, los seres humanos nunca se han hallado en mejor posición para hacer frente a los ataques que llevan a cabo los virus en nuestros cuerpos:

- Los virus eran invisibles, pero ahora podemos verlos —así como su funcionamiento interno— con la ayuda de pruebas diagnósticas, microscopios electrónicos y todo tipo de dispositivos científicos de alta tecnología.
- Sabíamos muy poco sobre ellos, pero ahora podemos estudiarlos en laboratorios y hospitales, aprender cómo funcionan, comprender cómo se propagan y cambiar nuestro comportamiento para ralentizarlos o detenerlos.
- Durante miles de años no hemos tenido cura alguna, pero estamos avanzando día a día en el diseño de medicamentos y vacunas que puedan protegernos de los virus.

Con cada nueva pandemia, vamos mejorando nuestra forma de tratar con ellos. Pero lo cierto es que, así como siempre habrá otra tormenta, habrá siempre otro virus causante de enfermedades. Y así como la lluvia siempre «intentará» mojarnos, los virus «intentarán» siempre entrar en nuestras células. No podemos culpar a la lluvia, ni tampoco a los virus, de ser como son.

Si, por otro lado, nos miramos el mundo desde el punto de vista de un virus, es obvio que los humanos son unos huéspedes excelentes cuando se trata de elegir a quién infectar, incluso a pesar de nuestro poderoso sistema inmunitario que causa tantas bajas entre los virus. Ya somos casi 8.000 millones de personas en la Tierra, y no paran de nacer más cada día. La mayoría de nosotros vivimos bastante apiñados en las ciudades, a muy poca distancia unos de otros. Y, gracias a nuestros viajes diarios a la escuela o al trabajo, y a los aviones y barcos que sin cesar nos transportan a nosotros, a los alimentos y a todo lo demás hasta todos los rincones del planeta, hay muchas posibilidades de que cualquier virus lo suficientemente ambicioso tenga una buena oportunidad de infectar a todo el mundo.

Es más, por lo general vamos mejorando paulatinamente en nuestro afán por mantenernos sanos y bien alimentados para gozar de una larga vida. Eso es bueno para los humanos, pero también para los virus: significa que existen cada vez más células a las que poder infectar.

La lucha contra los virus y la crisis climática

No podemos detener los tornados, las inundaciones o las olas de calor, pero eso no significa que no podamos influir en los efectos futuros del clima.

Al fin y al cabo, ya hemos alterado tanto la atmósfera que el planeta se está calentando. La crisis climática que hemos creado está cambiando la regularidad de los fenómenos atmosféricos y afectando a las personas y la vida silvestre en todo el mundo. Incluso podría estar propagando nuevos virus.

Si queremos evitar que en el futuro las cosas vayan a peor, tenemos que cambiar nuestros hábitos. Debemos hallar nuevas formas de viajar, cultivar alimentos, producir electricidad y trabajar en las fábricas, para que produzcan mucha menor cantidad de dióxido de carbono y otros gases que están impulsando el cambio climático.

¿Quizá debamos pensar en los virus de manera similar? Si queremos reducir la posibilidad de que virus nuevos e incluso más peligrosos causen pandemias, no debemos sentarnos a esperar a que lleguen y luego tratar de combatirlos. Es como fabricar un camión de bomberos una vez se nos ha incendiado la casa. Deberíamos mirar hacia delante y pensar en general.

La crisis climática y las pandemias virales son dos de las mayores amenazas para el futuro de la humanidad. Nadie sabe exactamente cómo abordarlas, pero hay cosas que tendríamos que hacer ya mismo y que ayudarán a lidiar con ambas.

Aprender a disfrutar de la naturaleza en toda su magnificencia y hacer mucho más para protegerla sería un gran comienzo. De esa manera, los bosques y mares del planeta podrían seguir adelante con todo el proceso mágico de absorción de hidróxido de carbono y producción de oxígeno que está en la base de todas las formas de vida. Y si podemos dejar de explotar los últimos terrenos vírgenes que quedan, terminaremos con menos virus irrumpiendo en nuestro mundo.

Comer un poco menos de carne y lácteos también sería de ayuda: dedicar menos tierras al ganado evitaría que las grandes explotaciones agrarias se extiendan hasta los hábitats de vida silvestre, potenciales causantes de infecciones por desparrame. La mayoría de las explotaciones ganaderas intensivas también producen muchos gases de efecto invernadero que perjudican el medio ambiente. Lo mismo que los aviones, camiones, barcos y la mayor parte de los automóviles. Reducir los viajes a base de combustibles de carbono que no sean estrictamente necesarios no solo reduciría las emisiones nocivas, sino que también ralentizaría la propagación de los virus.

Y, así como necesitamos profundizar en el conocimiento sobre la complicada forma de proceder de los gases de la atmósfera, que afectan a la meteorología y al clima en su conjunto, tenemos que dedicarnos a aprender también todo lo que podamos sobre los virus. Saber cuáles existen y cómo funcionan es nuestra única esperanza de convertir el fiero rugido del próximo virus mortal en un débil susurro.

Nuestro conocimiento mejora un poco cada día con el paso el tiempo, pero todavía tenemos mucho que aprender.

Y quizá haya algunas cosas que los virus nos puedan enseñar.

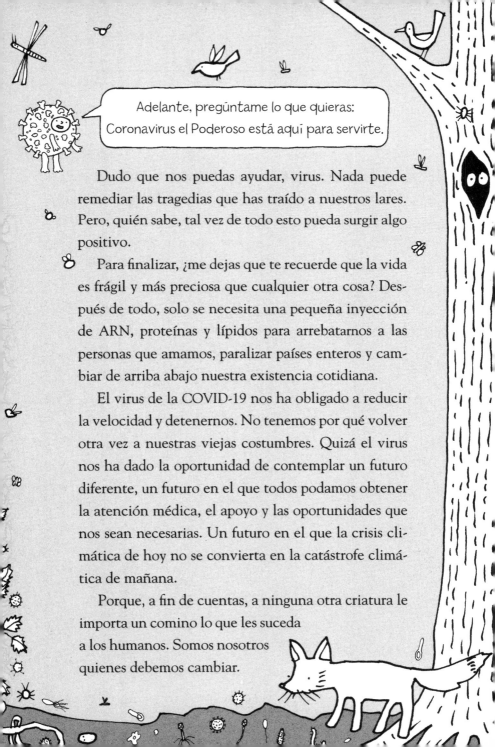

Adelante, pregúntame lo que quieras:
Coronavirus el Poderoso está aquí para servirte.

Dudo que nos puedas ayudar, virus. Nada puede remediar las tragedias que has traído a nuestros lares. Pero, quién sabe, tal vez de todo esto pueda surgir algo positivo.

Para finalizar, ¿me dejas que te recuerde que la vida es frágil y más preciosa que cualquier otra cosa? Después de todo, solo se necesita una pequeña inyección de ARN, proteínas y lípidos para arrebatarnos a las personas que amamos, paralizar países enteros y cambiar de arriba abajo nuestra existencia cotidiana.

El virus de la COVID-19 nos ha obligado a reducir la velocidad y detenernos. No tenemos por qué volver otra vez a nuestras viejas costumbres. Quizá el virus nos ha dado la oportunidad de contemplar un futuro diferente, un futuro en el que todos podamos obtener la atención médica, el apoyo y las oportunidades que nos sean necesarias. Un futuro en el que la crisis climática de hoy no se convierta en la catástrofe climática de mañana.

Porque, a fin de cuentas, a ninguna otra criatura le importa un comino lo que les suceda a los humanos. Somos nosotros quienes debemos cambiar.

Oye, que si acabáis borrados de la faz de la Tierra, tendré que encontrar un nuevo hogar. Supongo que siempre podría volver a mis murciélagos...

No dudo que lo harías, virus.

Pero en realidad, si queremos encontrar una manera de seguir compartiendo este planeta con los virus, pero que no nos causen demasiados problemas, hay algo que debemos hacer sin falta.

Necesitamos seguir resolviendo sus acertijos.

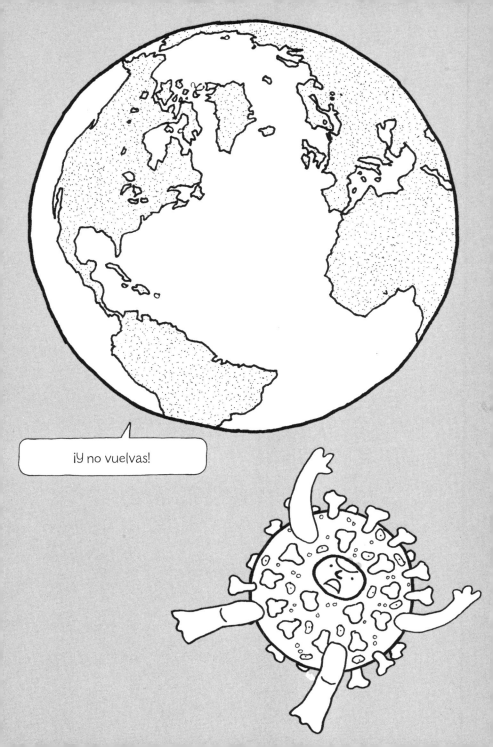

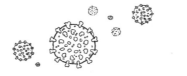

Glosario

ADN (ácido desoxirribonucleico) sustancia de la que están compuestos los genes de todas las células y formas de vida, aparte de ciertos virus (cuyos genes son de ARN).

alga criatura que, sin ser una planta, puede realizar la fotosíntesis. En su mayoría viven en el agua en forma de microorganismos unicelulares o pluricelulares, como es el caso de algunas algas marinas.

antibiótico medicamento utilizado para tratar las infecciones causadas por bacterias.

anticuerpo molécula producida por las células B que puede reconocer y adherirse a sustancias (llamadas antígenos) que amenazan el sistema inmunitario.

antiviral medicamento utilizado para tratar las infecciones causadas por virus.

ARN (ácido ribonucleico) sustancia química con una estructura similar a la del ADN. Presente en todas las células vivas, constituye los genes de ciertos virus.

bacteria microorganismo unicelular que constituye un grupo muy extenso y variado.

bacteriófago virus que infecta a bacterias. Abreviadamente se les llama fagos.

calentamiento global ver *crisis climática*.

célula la unidad más pequeña de todo ser vivo. Las células pueden vivir autónomamente como organismos unicelulares o como partes de un animal, una planta o un hongo.

célula B célula del sistema inmunitario que produce anticuerpos.

célula de memoria célula B o célula T que puede sobrevivir meses, años o décadas y que tiene la capacidad de iniciar rápidamente una respuesta inmune a un patógeno que ya había visitado antes el cuerpo donde se aloja la célula.

célula T glóbulo blanco que lanza ataques muy específicos contra infecciones y, a veces, contra determinados tipos de cáncer.

cianobacteria bacteria que puede realizar la fotosíntesis.

citoquina sustancia química que utilizan las distintas células del sistema inmunitario para comunicarse.

coronavirus un tipo de virus que puede causar enfermedades en humanos u otros animales, a menudo al infectar las células de las vías respiratorias.

COVID-19 enfermedad infecciosa causada por un tipo particular de coronavirus (ver *virus de la* COVID-19), diagnosticada por primera vez en 2019.

crecimiento exponencial cuando una población crece a un ritmo cada vez más rápido. Si el tamaño de cada nueva generación es siempre exactamente el doble de la precedente, se denomina duplicación exponencial.

crisis climática situación problemática derivada del calentamiento de la superficie del planeta, causada por actividades humanas que conllevan la acumulación de dióxido de carbono, metano y otros gases de efecto invernadero en la atmósfera.

ECA2 proteína adherida en la parte exterior de muchas de las células de nuestro cuerpo que ayuda a regular la presión arterial. Algunos coronavirus la usan para reconocer e infectar nuestras células.

epidemia brote de una enfermedad infecciosa que afecta a un gran número de personas al mismo tiempo en el mismo lugar.

epidemiólogo científico que estudia las epidemias.

estratosfera capa de gases de la atmósfera terrestre extremadamente ventosa y fría, situada entre 10 y 50 km por encima de la superficie del planeta.

evolución la manera que, con el paso del tiempo, tienen los seres vivos de cambiar gradualmente su apariencia y su funcionamiento interno.

fago ver *bacteriófago*.

fagocito célula que puede tragar organismos enteros, incluidos los virus, las bacterias o las propias células muertas del cuerpo.

fotosíntesis proceso químico que utiliza la energía del sol para convertir el dióxido de carbono y el agua en azúcar y oxígeno.

gen parte de un ser vivo que contiene una instrucción específica sobre cómo fabricar o hacer funcionar cierto aspecto de una célula, un virus o un cuerpo. Por lo general, controlan la producción de un tipo específico de molécula de proteína.

glóbulo blanco célula del sistema inmunitario, producida en la médula ósea, que se desplaza por el sistema sanguíneo para proteger casi todas las partes del cuerpo. Científicamente se conoce como leucocito.

glóbulo rojo célula en forma de disco que transporta el oxígeno desde los pulmones a todas las demás células del cuerpo. Científicamente se conoce como eritrocito.

hongo organismo que se alimenta de material en descomposición o de otros seres vivos. Son ejemplos de hongos las setas, las levaduras, el mildiu, los mohos o infecciones como el llamado pie de atleta.

huésped un cuerpo o célula en el que vive o al que infecta un parásito o patógeno.

infección por derrame se produce cuando un virus u otro patógeno salta de una especie huésped determinada a otra distinta.

inmunidad la capacidad del cuerpo para resistir una infección en particular.

interferón un tipo de citocina, a menudo producido por células infectadas por virus.

membrana capa microscópica de moléculas de lípidos y proteínas que rodea y protege todas las células vivas y algunos virus.

microorganismo ser vivo demasiado pequeño para poderlo ver sin la ayuda de un microscopio. También se le denomina microbio.

microscopio electrónico microscopio superpotente que, para poder ver los objetos extremadamente pequeños, en vez de luz utiliza un haz de electrones.

mucosidad líquido espeso y viscoso producido por el cuerpo para proteger superficies delicadas como la nariz, la boca, la garganta y el sistema digestivo. El de la nariz se conoce comúnmente como moco.

mutación cambio en la estructura de un gen que un ser vivo puede transmitir a su descendencia.

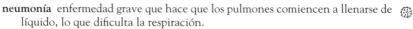

neumonía enfermedad grave que hace que los pulmones comiencen a llenarse de líquido, lo que dificulta la respiración.

oponible los pulgares oponibles pueden presionar contra los dedos para agarrar o pellizcar.

pandemia epidemia que se ha extendido por varios continentes o por todo el mundo.

parásito forma de vida que vive en la superficie o el interior de otro ser vivo, obteniendo alimento u otros beneficios de su huésped sin dar nada a cambio.

patógeno microorganismo que causa infección. También se le llama germen.

placenta estructura situada en el útero de la madre que asegura que el oxígeno y los nutrientes puedan pasar de la sangre de la madre a la del futuro bebé.

plancton billones de diferentes organismos pequeños y microscópicos que se desplazan por mares y océanos.

proteína molécula de gran tamaño esencial para todos los seres vivos. Desempeñan numerosas funciones tanto en las células como en los virus, que incluyen la fabricación de estructuras, el control de las reacciones químicas y el envío y la recepción de mensajes.

proteína de la nucleocápside sustancia química que se encuentra en algunas clases de virus y que protege sus genes y los sujeta en espiral para que quepan dentro del virus.

reproducción replicación de copias exactas de un virus o célula viva, o creación de una nueva generación de organismos.

ribosoma estructura que se encuentra en todas las células vivas y que convierte las instrucciones de los genes en moléculas de proteína.

selección natural el proceso que impulsa la evolución. Las personas que nacen con características que se adaptan a su entorno tienen más posibilidades de sobrevivir. A medida que van teniendo descendencia, esas características se vuelven más comunes.

sida (síndrome de inmunodeficiencia adquirida) enfermedad causada por virus que puede debilitar la capacidad del cuerpo para protegerse.

tasa de crecimiento indica la rapidez con la que crece una población. Se utiliza para calcular cuánto más numerosa es cada nueva generación en comparación con la precedente.

vacuna sustancia que puede administrarse en un cuerpo para imitar una infección real y desencadenar la respuesta inmunitaria. Las vacunas brindan a personas o animales una protección duradera contra el patógeno real.

VIH-1 el más común de los retrovirus que pueden causar el sida.

viroplasma estructura para la fabricación de virus dentro de una célula infectada.

virus pequeño patógeno que solo puede reproducirse dentro de las células de otro ser vivo.

virus de la COVID-19 el virus que causa la enfermedad llamada COVID-19. Su nombre científico es SARS-CoV-2, las siglas en inglés del «coronavirus tipo 2 del síndrome respiratorio agudo grave».

Agradecimientos

Este libro pasó de la idea a la realidad en menos de cuatro meses. Eso habría sido imposible de no haber contado con un increíble equipo de colaboradores.

Un eterno agradecimiento a la editora Helen Greathead por su visión, su ardua e incansable dedicación y su continuo suministro de ideas, confianza y comentarios incisivos. Una inmensa gratitud a Alison Gadsby quien, trabajando a una velocidad récord y siempre con la sonrisa en los labios, de alguna manera impuso orden y estilo a un amasijo de palabras e imágenes en constante evolución. Mil gracias a Anthony Hinton por su avispada opinión editorial y su hábil gestión de proyectos. También a Julia Bruce y Jennie Roman, por realizar sus decisivas contribuciones editoriales a un ritmo vertiginoso. Estamos profundamente agradecidos a Liz Cross por encabezar el proyecto del libro de principio a fin, y a David Fickling por haber apostado por la no ficción y haber confiado en nosotros para llevarlo a cabo. El apoyo de Michael Holyoke para hacer realidad este proyecto de no ficción ha sido crucial. Gracias también al equipo de David Fickling Books al completo, incluyendo a Bron, Rob, Phil, Rosie, Meggie, Jasmine y Rachel por todo su arduo trabajo detrás del telón. Muchas gracias a Jonathan Stoye por compartir su profunda experiencia y por la rapidez en contestar, y a Paul Nurse por su constante apoyo y por la redacción de un prólogo tan generoso.

BM: Estoy profundamente agradecido a toda mi familia por su aliento, paciencia y amor, pero especialmente a Cal. No es exagerado decir que este libro no existiría sin ella.